江苏省“十四五”职业教育规划教材

货物学

主审　周庆元

主编　于　斌　张龙枝　李泽华

上海交通大学出版社
SHANGHAI JIAO TONG UNIVERSITY PRESS

内容提要

本书结合货物学的最新发展情况，系统、全面地阐述了货物学的基础理论和实务知识。同时，本书积极践行“理论够用，实践为重”的理念，将理论知识与实践操作融为一体，让学生边学习边实践，引导学生逐步提高职业技能，以满足其职业发展需求。全书共分为八个项目，分别为货物学概论、货物检验、货物包装、货物储存与保管、普通货物、特殊货物、散装货物、集装箱货物。

本书结构合理，内容实用，体例新颖，案例丰富，可作为各类院校物流管理专业及其相关专业学生的教材。

图书在版编目（CIP）数据

货物学 / 于斌，张龙枝，李泽华主编. -- 上海 ：上海交通大学出版社，2024.4（2025.6 重印）
ISBN 978-7-313-29945-1

Ⅰ. ①货… Ⅱ. ①于… ②张… ③李… Ⅲ. ①物流－货物运输－教材 Ⅳ. ①F252

中国国家版本馆 CIP 数据核字(2023)第 230956 号

货物学
HUOWU XUE

主　　编：于　斌　张龙枝　李泽华
出版发行：上海交通大学出版社　　地　　址：上海市番禺路 951 号
邮政编码：200030　　电　　话：021-64071208
印　　制：三河市祥达印刷包装有限公司　　经　　销：全国新华书店
开　　本：787 mm×1092 mm　1/16　　印　　张：14.5
字　　数：335 千字
版　　次：2024 年 4 月第 1 版　　印　　次：2025 年 6 月第 2 次印刷
书　　号：ISBN　978-7-313-29945-1　　电子书号：ISBN　978-7-89424-482-6
定　　价：49.80 元

前言

PREFACE

随着商品经济的快速发展和人民生活水平的不断提高，货物流通量逐年增加，人们对货物质量也提出了更高的要求。在这种背景下，货物学知识在现代物流与国际贸易等领域中的作用日趋重要。对货物进行研究与探索，对于提高我国现代物流管理水平、促进我国物流业健康发展具有重要意义。

为了帮助学生掌握货物学的基础理论和实务知识，提高专业技能与综合素养，成为符合新时代要求的高素质人才，编者根据货物学领域的最新研究成果和学生的实际需求，精心编写了本书。

整体而言，本书具有以下鲜明特色。

1．启智润心，立德树人

党的二十大报告中指出：“育人的根本在于立德。”本书积极贯彻党的二十大精神，落实立德树人根本任务，在每个项目前设置“素质目标”，在正文中设置“创新之路”“科技之光”模块，并将素质教育的有关内容融入正文，从而潜移默化地引导学生培养遵纪守法、尽职履责、开拓创新等优良品质，让学生树立正确的世界观、人生观和价值观，成为德才兼备、全面发展的人才。

2．校企合作，职业引领

在编写本书的过程中，编者不仅与多所高校物流管理专业的老师就本书的核心内容、体例设计等进行了深入交流，还走访了多家企业，向物流作业人员了解货物检验、货物包装、货物储存与保管、货物运输等方面的专业知识，并从中提炼出实用、新颖的内容，然后将其有机融入本书中，从而使本书内容紧贴物流工作岗位实际，以帮助学生更好地学习专业知识、提高专业技能，为将来走上工作岗位打下坚实的基础。

3．体例新颖，模块多样

本书采用项目任务式结构编写，既有助于老师更好地推进教学工作，又有助于学生理解和掌握知识点。每个任务均以“任务导入”模块引出正文，通过与知识点相关的情境激发学生的学习兴趣，引发学生思考。在知识讲解过程中穿插“课堂活动”“释疑解惑”“知识拓展”“同步案例”等模块，可以帮助学生深入理解所学知识、拓宽视野，并增强课堂教学的趣味性。每个任务后设置有“同步实训”模块，让学生以各种活动形式应用所学知识，以实现“在学中做、在做中学”。此外，每个项目后还设置有“学习成果自测”和“学习成果评价”模块，可以帮助学生巩固所学知识、检验学习成果。

4. 平台辅助，资源丰富

本书配有丰富的数字资源，读者既可以借助手机或其他移动设备扫描书中的二维码观看微课视频，也可以登录文旌综合教育平台“文旌课堂”查看和下载本书配套资源，如优质课件、教案、“学习成果自测”答案等。读者在阅读过程中有任何疑问，都可以登录该平台寻求帮助。

此外，本书还提供了在线题库，支持“教学作业，一键发布”，老师只需通过微信或“文旌课堂”App 扫描扉页二维码，即可迅速选题、一键发布、智能批改，并查看学生的作业分析报告，从而提高教学效率、提升教学体验。学生可在线完成作业，巩固所学知识，提高学习效率。

5. 内容权威，来源可靠

在编写过程中，编者参考了我国权威机构发布的相关文件，如《运输包装指南》（GB/T 36911—2018）、《铁路超限超重货物运输技术要求》（TB/T 30007—2022）、《冷藏、冷冻食品物流包装、标志、运输和储存》（GB/T 24616—2019）、《液化气体船舶安全作业要求》（GB 18180—2022）、《集装箱术语》（GB/T 1992—2023）、《超限运输车辆行驶公路管理规定》等，以保证全书内容有据可依。

本书由周庆元担任主审，于斌、张龙枝、李泽华担任主编，付饶、赵海珊、刘永锋、壮国强担任副主编。由于编者水平有限，书中难免存在疏漏与不妥之处，诚请广大读者批评指正。

特别说明：

（1）编者在编写本书的过程中，参考了大量资料并引用了部分文章、图片等。大部分引用的资料已获授权，但由于部分资料来自网络，我们未能确认出处，也暂时无法联系到原作者。对此，我们深表歉意，并欢迎原作者随时与我们联系，我们将按规定支付酬劳。

（2）本书没有注明资料来源的案例均为编者自编或根据真实事件改编。

本书配套资源下载网址和联系方式

网址：https://www.wenjingketang.com

电话：400-117-9835

邮箱：book@wenjingketang.com

片 头

目录

CONTENTS

项目一

货物学概论

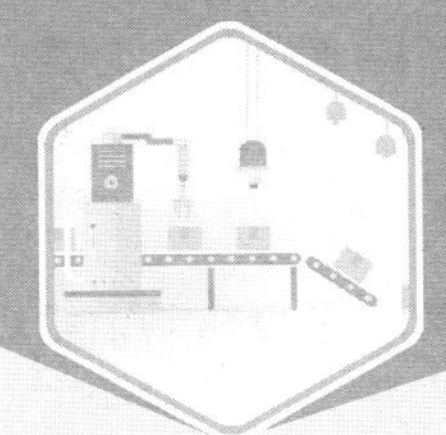

项目引言

随着社会生产力的不断发展，货物类型逐渐增多，收货人和发货人对物流质量的要求也越来越高。在这种背景下，物流作业人员不仅应充分了解货物的分类与编码，熟悉货物的各种性质和货物重量、体积的计量方法，还应了解货物质量管理方法，从而合理安排物流活动，保障货物质量。本项目主要介绍货物的分类与编码、货物的性质与计量、货物质量管理等方面的基础知识。

知识目标

✓ 了解货物的分类、编码原则和编码方法。
✓ 熟悉货物的机械性质、物理性质、化学性质和生物性质。
✓ 了解货物的计量单位，熟悉货物重量、体积的计量方法。
✓ 了解货物质量的概念和影响因素，熟悉货物质量管理措施和管理方法。

素质目标

✓ 学习货物的性质，知道每种货物都具有特殊性质，从而深刻理解矛盾的特殊性。
✓ 学习货物质量管理的相关知识，强化质量意识，培养尽职履责精神。

任务一 了解货物的分类与编码

任务导入

小张毕业后入职 YR 物流公司，成为仓储运输部的一名员工。工作首日，小张在周主管的带领下，熟悉公司的组织结构和部门业务。在仓库门口，小张看到了各种各样的货物：有的货物用普通货车装运，有的货物用冷藏车装运；有的货物一件件装车，有的货物放在托盘上直接装车……

在仓库内，物流作业人员根据出库单上的货物编码，能迅速找到对应的货物并正确安排出库作业。

问题：

（1）什么是货物？货物可分为哪些类型？

（2）如何对货物进行编码？

货物是指经济与社会活动中实体流动的物质资料，如零部件、半成品、成品等。

一、货物的分类

在现代社会中，每天都有数量庞大的货物在不同国家或地区之间流动。为了合理安排各种物流活动，提高物流效率，有必要对货物进行分类。

（一）按性质分类

按性质的不同，货物可分为普通货物和特殊货物。

1. 普通货物

普通货物是指在物流过程中没有特殊要求的各种货物，具体包括以下几类：

（1）清洁货物：是指洁净、干燥的货物，如茶叶、糖果等食品，帽子、袜子、毛毯等纺织品，陶罐、瓷碗等陶瓷器，肥皂、洗衣粉等洗涤用品，塑料玩具、塑料盒、塑料椅等塑料制品，等等。

（2）液体货物：是指盛装于瓶、桶、罐、坛内，在物流过程中易滴漏、流洒的各种货物，如饮料、药液、食用油等。

（3）粗劣货物：是指具有易散发气味、易渗油或易扬尘并污染其他货物等性质的货物，如易散发气味的生皮、鱼粉、烟叶（见图 1-1）等，易渗油的煤油、豆饼（见图 1-2）

等，易扬尘并污染其他货物的水泥、矿砂等。

图 1-1　烟叶

图 1-2　豆饼

释疑解惑

鱼粉是指以低值鱼类或加工中余下的头、尾、鳍、内脏等为主要原料加工而成的粉末状制品，可用作饲料。

豆饼是指将大豆榨油后剩下的渣滓压成饼状而形成的副产品。

2．特殊货物

特殊货物是指在物流过程中有特殊要求的货物，具体包括以下几类：

（1）超限货物：是指过长、过宽、过高或过重，以致在物流过程中受到一定限制的货物，如风力发电机叶片（见图 1-3）、大型农用机械等。

（2）鲜活货物：包括易腐货物和有生动植物两大类。前者是指在常温条件下容易腐烂变质的货物，如畜禽肉及其制品、新鲜蔬菜、新鲜水果等；后者是指具有正常生理活动，在物流过程中需要特别照顾，以维持其生命和生长机能的动物和植物，如活畜（见图 1-4）、活禽、鱼苗、树苗等。

图 1-3　风力发电机叶片

图 1-4　活畜

（3）危险货物：是指具有爆炸、易燃、毒害、感染、腐蚀、放射性等危险特性，在物流过程中容易造成人身伤亡、财产损毁或环境污染而需要特别防护的货物，如炸药、氰化物等。

（4）贵重货物：是指本身价值昂贵的货物，如贵金属（如金、银）、宝石、精密仪器、名贵药材、文物等。

课堂活动

请按性质对以下货物进行分类：① 未经加工的烟草；② 天然沥青；③ 瓶装蔬菜汁；④ 散装石灰石。

（二）按包装形式分类

按包装形式的不同，货物可分为件装货物、散装货物和成组装货物。

1．件装货物

件装货物（见图 1-5）是指以件计数的货物。其包装形式不一，性质各异，一般批量较小。

2．散装货物

散装货物（见图 1-6）简称“散货”，是指以散装形式进行运输、储存和装卸的货物。散装货物一般以重量承运，无包装，无标志，不易计算件数且批量较大。散装货物按形态可分为散装固体货物和散装液体货物。

图 1-5　件装货物

图 1-6　散装货物

3．成组装货物

成组装货物是指用托盘、网兜、集装袋或集装箱等将件装货物或散装货物组成一个单元的货物。成组装货物可分为以下几类：

（1）托盘货物：是指将若干件货物集合放于一个托盘上，用塑料薄膜等材料简单包装后组成一个单元的货物，如图 1-7 所示。

（2）网兜货物：是指装在用棕绳、尼龙绳或钢丝绳等编织的网兜内的货物。

（3）集装袋货物：是指装在用聚丙烯或聚乙烯等材料制成的集装袋内的货物，如

图 1-8 所示。集装袋货物一般是颗粒状或粉末状的固体货物（如矿砂、水泥、碳酸钠等），便于起吊和运输。

图 1-7　托盘货物

图 1-8　集装袋货物

（4）集装箱货物：是指装在集装箱内的货物。

二、货物的编码

货物编码是指用一组有序的符号来标识不同类型货物的过程。合理进行货物编码，可以使货物分类体系标准化、通用化，从而为建立统一的货物管理信息系统、进行物流信息管理创造条件。

（一）编码原则

进行货物编码时，应遵循以下原则：

（1）唯一性原则。保证每种货物仅有一个代码，每个代码与指定类型的货物对应。

货物编码的意义

（2）简明性原则。代码应尽可能简短、明了，以便缩短计算机存储和处理货物信息的时间，降低人工处理货物信息时的差错率。

（3）层次性原则。代码层次应清晰，不仅能体现一定的逻辑，还能反映货物的分类关系。

（4）稳定性原则。代码确定后应尽可能持续使用，不能频繁变更，以保证编码系统的稳定性，避免浪费人力、物力、财力。

（5）可扩充性原则。编码时必须留有一定的后备容量，以便新型货物出现时有代码可用。

（二）编码方法

1. 数字分段法

数字分段法是指将数字分段，用每段数字代表一种货物，然后用每段数字中的具体数字代表这种货物中的不同货物的方法。例如，可用 01～80 代表金属类货物，用 81～150 代表玻璃类货物，如表 1-1 所示。

表 1-1　数字分段法的应用

货物类型	金属类货物	玻璃类货物	塑料类货物	纺织品类货物	其他类货物
代码	01～80	81～150	151～300	301～400	401～800

2．分组编码法

分组编码法是指用多个数字组成若干数字组，每个数字组代表不同货物信息的方法。例如，某货物的代码为 060300111，该代码可分为 4 个数字组，第一个数字组“06”代表货物的类型为工字钢，第二个数字组“03”代表货物的形状为长条状，第三个数字组“001”代表货物的供应商为 K 公司，第四个数字组“11”代表货物的尺寸为 280 cm×10 cm×15 cm，如表 1-2 所示。

表 1-2　分组编码法的应用

项目	类型	形状	供应商	尺寸
数字组	06	03	001	11
含义	工字钢	长条状	K 公司	280 cm×10 cm×15 cm

3．实际意义编码法

实际意义编码法是指按货物类型、尺寸、货区、货位等的实际情况进行编码的方法。例如，某货物的代码为 F0352420N3，其含义如表 1-3 所示。

表 1-3　实际意义编码法的应用

代码	含义
F0	食品类货物
352420	尺寸为 35 cm×24 cm×20 cm
N	货物储存于 N 区
3	货物储存于 3 号货架

4．暗示编码法

暗示编码法是指用字母和数字的组合进行编码，代码本身暗示货物信息的方法。例如，某货物的代码为 TSLBM002，其含义如表 1-4 所示。这种方法的优点是代码容易记忆，并且具有一定的保密性。

表 1-4　暗示编码法的应用

项目	货物名称	尺寸	颜色与款式	供应商
代码	TS	L	BM	002
含义	T 恤衫（T-shirt）	尺寸为 L	黑色（black） 男士（man）	B 公司

课堂活动

实际意义编码法与暗示编码法有什么区别？

5. 后数位编码法

后数位编码法是指用代码的末位数字对同类货物进行细分的方法。采用该编码方法，有助于通过数字的层级关系判断货物类型。例如，可用代码 28 代表活动物，用代码 28.2 代表活禽，用代码 28.24 代表活鹅，如表 1-5 所示。

表 1-5　后数位编码法的应用

代码	货物名称	代码	货物名称
28	活动物	136	休闲食品
28.2	活禽	136.1	瓜子
28.24	活鹅	136.14	南瓜子

将货物分类并编码

实训步骤

（1）按性质对玉雕、白酒、牙刷、鲜花、白云石、手机、矿砂、木浆、活昆虫、齿轮、面粉、黄豆、锂电池、盆景进行分类，并采用合适的编码方法将这些货物编码，然后将分类和编码情况分别填入表 1-6 和表 1-7 中。

表 1-6　货物分类

类型	货物名称
普通货物	
特殊货物	

表 1-7　货物编码

代码	货物名称	代码	货物名称

（2）老师对学生所填内容进行点评。

任务二　熟悉货物的性质与计量

任务导入

入职第二天，小张参加了YR物流公司仓储运输部的入职培训。在培训过程中，培训师分享了以下案例：

（1）2月14日，5件铝制品因不合理装卸而变形，致使YR物流公司损失890元。

（2）8月27日，12袋石蜡在运输过程中因未合理通风而熔化，致使YR物流公司损失2 760元。

（3）10月8日，3打毛皮制品在储存过程中因遭受虫害而受损，致使YR物流公司损失1 260元。

问题：

（1）上述案例中体现了货物的哪些性质？

（2）货物的计量单位有哪些？

一、货物的性质

外界环境复杂多变，因此货物在物流过程中可能发生各种各样的变化。货物的变化是由其性质决定的，这些性质包括机械性质、物理性质、化学性质和生物性质。研究货物的性质，有助于物流作业人员找到货物发生变化的规律，从而减少物流过程中的货损、货差，保障货物质量。

（一）机械性质

货物的机械性质是指货物的形状在外力作用下发生机械变化的性质。在物流过程中，货物所受的外力有静态作用力和动态作用力之分，前者主要是堆码压力，后者包括震动冲击力、翻倒冲击力和跌落冲击力等。

货物发生机械变化的形式主要有破碎、变形、结块、渗漏等。

1. 破碎

货物破碎的主要原因是本身质地脆弱或包装强度较低。常见的易碎货物有陶器、瓷器、玻璃及其制品等。为防止易碎货物破碎，物流作业人员应做到以下几点：

（1）选择地面平坦、便于作业的堆码位置。

（2）使用坚固包装，在包装内填充衬垫物，在包装外贴上“易碎”标志。

（3）装卸搬运时轻拿轻放、稳吊稳铲，杜绝摔、抛、滑、滚等野蛮操作。

（4）不宜堆码过高，以防货垛倒塌；不得将重货堆码在易碎货物之上。

2. 变形

变形主要是具有可塑性的货物发生的机械变化。所谓可塑性，是指货物受到外力作用后变形，去除外力后不能恢复原状的性质。常见的易变形货物有塑料、橡胶、皮革、铝及其制品，这些货物虽不易破碎，但变形后质量就会明显降低。尤其是具有热变性的塑料和橡胶，在高温条件下被重压、久压后更易变形。

为防止货物变形，物流作业人员应使用坚固包装，正确堆码，使货物与货物之间保持适当距离。

3. 结块

常见的易结块货物有食糖、食盐、化肥、水泥、矿粉等。堆码过高，被重货所压，储存于潮湿、高温或低温环境中，都可能造成这些货物结块。结块不仅会降低货物质量，而且会增加货物包装在装卸搬运过程中破损的可能性。

在物流过程中，物流作业人员不宜使易结块货物受到重压、久压，也不宜使易结块货物受潮。

同步案例

因货物结块发生纠纷

4 月 20 日，Y 船公司的“KUY”轮承运 F 化肥公司托运的一批袋装磷酸氢二铵化肥，装货港为 A 港，卸货港为 B 港，收货人为 H 农产品公司。

“KUY”轮在 A 港装货的过程中，该轮大副（即船长的主要助手，一般是船舶驾

驶员）发现该批货物存在轻微结块现象，便将情况告知F化肥公司。但F化肥公司认为这是假性结块（由挤压等导致，摇晃、按压后可恢复原状），货物质量并未受到影响，并向Y船公司出示了表明货物质量完好的质量证书。

为不影响贸易，Y船公司决定继续承运这批货物。6月16日，“KUY”轮抵达B港。6月17日下午，H农产品公司刚开始卸货就发现货物结块，于是立即停止卸货，并通知Y船公司。随后，H农产品公司请当地检验公司对货舱内货物进行了检验，发现部分货物水湿且严重结块，就此向Y船公司索赔，并向当地法院申请扣押“KUY”轮。

在这种情况下，Y船公司派出自己指定的检验公司前往B港对货物进行检验。根据检验报告，货物包装外表干燥，但部分货物存在结块情况。货物结块导致货物净损失达到135.8 t，另外还有55袋破包货物。随后，Y船公司将F化肥公司告上法庭，要求F化肥公司承担赔偿责任。

4. 渗漏

渗漏主要发生在液体货物中。货物灌装操作不符合要求，包装容器质量不佳、封口不严，在装卸搬运时遭到撞击、跌落等，都会使液体货物渗漏。

为防止液体货物渗漏，物流作业人员应加强对包装容器的检查，将液体货物紧密堆码，并合理进行装卸搬运。此外，应将具有污染性的液体货物堆码于底部；若液体货物具有挥发性、散湿性（即释放气态水的性质），还应提前做好防护。

（二）物理性质

货物的物理性质是指货物受到外界温度、湿度、光线等因素的影响而发生物理变化的性质。货物发生物理变化时，其数量一般会减少，质量一般会降低，甚至变质。

货物发生物理变化的形式主要有吸湿、挥发、溶化与熔化等。

1. 吸湿

一些货物具有吸附水分的性质，这种性质会明显影响货物质量。货物的吸湿性主要受到以下因素的影响：

（1）货物的亲水性。亲水性强的货物（如皮革、棉花、茶叶等）易吸湿。

（2）货物的结构。多孔固体货物（如海绵、软木等）易吸湿。

（3）货物的纯度。货物中含有杂质，会增强其吸湿性。例如，高纯度的氯化钠不易吸湿，但普通氯化钠因含有氯化镁等杂质而具有较强的吸湿性。

（4）周围环境的温湿度。当周围环境的温度较低、相对湿度较高时，货物更易吸湿。

货物含水量过高，会出现潮解、分解、溶化、霉变等现象；含水量过低，会出现发脆、开裂等现象。因此，为防止货物因吸湿或缺水而变质，物流作业人员应提前熟悉各种货物的含水量标准，加强温湿度控制，谨慎做好货物配载工作。

释疑解惑

配载是指根据运输工具和待运货物的实际情况，确定应装运货物的类型、数量、体积和货物在运输工具上的位置的活动。

2. 挥发

挥发是指低沸点的液体货物或液化的气体货物（如液态氮）转变为气态的现象。常见的易挥发货物有酒精、汽油、香水等。其挥发速度与环境温度、空气流动速度、液体表面接触空气的面积成正比。

货物在物流过程中挥发，会出现损耗，有效成分含量也会降低，还容易引起燃烧或爆炸。如果挥发的气体具有毒性或麻醉性，容易造成空气污染，危害人体健康。防止货物挥发的主要措施有增强包装的密封性，在低温条件下储存和运输货物等。

3. 溶化与熔化

溶化是指固体货物吸收空气中的水分，达到一定程度后变成液体的现象。常见的易溶化货物有食盐、食糖、尿素、氯化钙、硝酸铵等。货物溶化后，数量减少，质量下降，还可能污染其他货物。因此，在运输、储存易溶化货物时，物流作业人员应注意控制环境湿度，合理设计垛形。

熔化是指熔点较低的固体货物在温度较高的环境下逐渐变软甚至变为液体的现象。常见的易熔化货物有香脂、石蜡、肥皂、糖衣片药品等。货物的易熔性与其熔点有直接关系，还受环境温度、货垛压力的影响。因此，在运输、储存易熔化货物时，物流作业人员应注意控制环境温度，保持通风，并合理设计垛形。

释疑解惑

香脂是指含有精油的油脂，由精制的油脂（主要为牛脂和猪脂）制成。石蜡是一种石油加工产品，为白色或淡黄色固体，可用于制造火柴、蜡烛等。

（三）化学性质

货物的化学性质是指货物发生变化而产生新物质的性质。一般情况下，这种变化需要有光、氧、水等参与。货物发生化学变化，意味着其质量发生了变化，严重的还会影响其他货物的质量，甚至引发安全事故。

货物发生化学变化的形式主要有氧化、腐蚀、燃烧、爆炸等。

1. 氧化

氧化是指货物与氧发生化学反应的现象。氧的化学性质较活泼，易与某些货物发生氧化反应，从而使货物变质。金属锈蚀、橡胶老化、茶叶陈化等都属于氧化现象。

一般情况下，氧化过程是十分缓慢的，但是如果氧化过程中产生的热量积聚起来，货物就可能自热、自燃。例如，未等油纸、油布等货物干透就打包运输，容易导致货物自燃。

2. 腐蚀

腐蚀是指对其他货物产生破坏作用的现象。具有酸性、碱性、吸湿性的货物，一般易腐蚀其他货物。例如，盐酸会腐蚀金属类货物，氢氧化钠会腐蚀油脂、橡胶，浓硫酸会吸收植物中的水分并使植物碳化。

具有腐蚀性的货物一般需要用特殊容器盛装，在装卸搬运过程中要轻拿轻放。

3. 燃烧

燃烧是指货物发生激烈的化学反应而发热和发光的现象。在实际生活中，大部分燃烧需要具备三个条件，即可燃物、助燃物（氧或氧化剂）和一定的温度。例如，白磷暴露在空气中，当环境温度达到 30℃左右时即可自燃。

释疑解惑

液体和固体燃料通常需要先受热变成气体后才能燃烧而产生火焰，气体燃料则能直接燃烧并产生火焰。

4. 爆炸

爆炸是指货物发生急剧的物理或化学变化，能在瞬间释放出大量能量的现象。爆炸的主要特点是在极短的时间内产生高温、高压，释放出大量气体。在物流过程中，物流作业人员应注意防止以下几种爆炸现象：

（1）易分解货物（如爆破炸药、电引爆雷管等爆炸品）的爆炸。

（2）不相容货物（如氯酸钾与酒精等）接触引起的爆炸。

（3）货物包装容器（如液化石油气钢瓶、汽油桶、碳化钙桶等）的爆炸。

（4）易燃气体（如甲烷、乙烯等）或易燃粉尘（如铝粉等）与空气混合后引起的爆炸。

（四）生物性质

货物的生物性质是指生物体（包括有生动植物和寄附在货物上的害虫等）在各种外界条件的影响下分解营养成分的性质。货物发生生物变化的主要原因包括酶的作用、呼吸作用、微生物作用和虫害作用。

1. 酶的作用

酶是一种蛋白质，具有催化作用。生物体内的营养成分分解与合成都要靠酶的催化来完成，所以酶是生物体新陈代谢的内在基础。例如，谷物的呼吸、后熟、发芽、发酵、陈化等都是酶作用的结果。影响酶的作用的因素有酶所处环境的温度、湿度、酸碱性等。

2. 呼吸作用

呼吸作用是指生物体分解营养成分并释放能量的过程，或者说是生物体在生理活动中为获取热能、维持生命而进行的新陈代谢。

呼吸作用分为有氧呼吸和无氧呼吸。有氧呼吸可造成生物体中的营养成分大量消耗并产生自热、散湿现象；而无氧呼吸所产生的酒精积累过多，会引起生物体内的细胞中毒死亡。因此，在运输、储存生物体的过程中，物流作业人员应注意合理通风，保证生物体进行适当的有氧呼吸。

3. 微生物作用

微生物是指形体微小、构造简单的生物，如病毒、细菌、真菌等。微生物作用是指微生物依据外界条件，吸取营养成分，经细胞内的生物化学变化，进行生长、发育、繁殖的生理活动过程。

微生物在货物上生长与繁殖的必要条件是温度、水分、氧气浓度等适宜。因此，控制环境的温湿度和货物的含水量，调节氧气浓度，是降低微生物对货物影响程度的有效措施。

4. 虫害作用

虫害作用对货物的危害极大。害虫不仅会破坏货物的组织结构，导致货物霉变，还会排泄代谢废物，影响货物外观。常见的易遭受虫害的货物有食品类货物和毛皮制品。

虫害作用与环境温湿度、氧气浓度、货物的含水量密切相关。为防止虫害，物流作业人员应控制仓库和运输工具中的温湿度，做好卫生管理工作。

同步案例

脱壳花生遭受虫害

某公司从S国进口一批脱壳花生。货物入境时，工作人员发现部分花生虫蛀现象明显。经进一步查验，从被蛀的花生中发现一只褐色活体甲虫和一只浑身长毛的淡黄色活体幼虫。经鉴定，这两只虫分别为谷斑皮蠹（dù）的成虫和幼虫。谷斑皮蠹是一种非常危险的害虫，被称为粮食的“头号杀手”，主要危害小麦、花生、豆类等货物。

该批货物重85 t，共425包，分4个集装箱装载，单证齐全，附有S国的官方检验证书。发现害虫后，工作人员对该批货物进行了严格的熏蒸除害处理。

二、货物的计量

货物的计量是指用一定的数值和计量单位表示货物的数量、重量、长度、面积、体积、容积等的过程。

（一）货物的计量单位

英制、美制和国际单位制的区别

1. 单位制

目前国际上常用的单位制有英制、美制和国际单位制 3 种，如表 1-8 所示。

表 1-8 国际上常用的单位制

单位制	使用国家或地区
英制	英国、利比里亚、缅甸等国家
美制	北美地区
国际单位制	大部分国家

知识拓展

国际单位制

国际单位制源自米制，是国际计量大会采纳和推荐的单位制。国际单位制是国际通用的测量语言，是人类定义和描述世间万物的标尺。

国际单位制以时间单位“秒”、长度单位“米”、质量单位“千克”、电流单位“安培”、热力学温度单位“开尔文”、物质的量的单位“摩尔”和发光强度单位“坎德拉”为基本单位，它们好比 7 块彼此独立又相互支撑的“基石”，构成了国际单位制的“地基”。国际单位制规定的其他单位，如力的单位“牛顿”、电压单位“伏特”、能量单位“焦耳”等，都能通过这 7 个基本单位组合导出。

2. 计量单位的分类

货物的计量单位根据货物的不同性质而定，国际贸易中常用的计量单位有 6 类，如表 1-9 所示。

表 1-9 常用的计量单位

类型	中文名称	英文名称
按数量（number）计量	件	piece
	双	pair
	套	set
	袋	bag
	包	bale
	打	dozen

（续表）

类型	中文名称	英文名称
按重量（weight）计量	公吨	metric ton
	长吨	long ton
	短吨	short ton
	千克	kilogram
	克	gram
	盎司	ounce
	磅	pound
按长度（length）计量	米	meter
	码	yard
	英尺	foot
	英寸	inch
	厘米	centimeter
按面积（area）计量	平方米	square meter
	平方码	square yard
	平方英尺	square foot
	平方英寸	square inch
按体积（volume）计量	立方米	cubic meter
	立方码	cubic yard
	立方英尺	cubic foot
	立方英寸	cubic inch
按容积（capacity）计量	蒲式耳	bushel
	加仑	gallon
	升	liter
	毫升	milliliter

（二）货物重量的计量方法

在计量货物重量时，件装货物和散装货物的计量方法有所不同。其中，件装货物的重量分为毛重、净重、公量和理论重量。

1. 毛重

毛重是指货物本身重量加上包装重量所得到的总重量。按毛重计量一般适用于包装重量不便计量或包装与货物本身价值相近的情况。例如，用塑料编织袋盛装的农产品适合按毛重计量。

2．净重

净重是指货物本身的重量。在实践中，一般用毛重减去皮重即可得到净重。皮重即货物包装重量，可分为实际皮重、平均皮重、习惯皮重和约定皮重。其计算方法分别如下：

（1）实际皮重：将整批货物的包装逐一称重，算出包装总重量。

（2）平均皮重：从全部货物中抽取几件，称其包装的重量，然后除以抽取的件数，得出每件包装的平均重量，再乘以总件数，即可得出包装总重量。

（3）习惯皮重：按照市场公认的标准包装计算，即用标准皮重乘以总件数得出包装总重量。

（4）约定皮重：按照交易双方事先约定的皮重计算。

3．公量

按公量计量适用于含水量易发生变化的货物，如羊毛、生丝等。公量的计算公式如下：

$$公量=净重\times\frac{1+标准回潮率}{1+实际回潮率}$$

释疑解惑

标准回潮率是交易双方约定的货物含水量与货物干量之比，实际回潮率是货物中的实际含水量与货物干量之比。

4．理论重量

理论重量是指根据每件的货物重量推算出的总重量。按理论重量计量适用于某些规格固定的货物，其形状规则，密度均匀，每件重量大致相同，如钢板、大理石板等。

释疑解惑

计量件装货物的重量时，原则上应逐件计量，但不具备逐件计量的条件时，可采用整批称重、分批称重后加总、抽件称重求平均值然后乘以总件数等方法计算货物总重量。

（三）货物体积的计量方法

计量货物体积的关键在于测量其长度、宽度和高度。由于许多货物形状不规则，因此在测量时需要遵循满尺测量原则。按满尺测量原则计算货物体积的公式如下：

$$货物体积=最大长度\times最大宽度\times最大高度$$

在遵循满尺测量原则的前提下，对于不同包装的货物，应采用不同的体积计量方法，具体如表 1-10 所示。

表 1-10 不同包装货物的体积计量方法

货物	体积计量方法
袋装货物	取 12 袋同类型、同规格的货物，按 2×2 的形式码放 3 层，将每袋货物中央突出的部分略加摊平，进行满尺测量，求出单袋货物的平均体积，然后计算出整批货物的总体积
箱装货物	取数箱同类型、同规格的货物，以单箱为单位或将数箱码成长方体，进行满尺测量，求出单箱货物的平均体积，然后计算出整批货物的总体积
捆装货物	将少量货物堆码成整齐的小垛，进行满尺测量，求出单捆货物的平均体积，然后计算出整批货物的总体积
散装原木	抽取不同长短、粗细的原木，逐根进行满尺测量，计算这些原木的平均直径（即根头直径加上梢头直径除以 2）和平均体积，然后计算出整批原木的体积。对于长度基本一致、堆码较为整齐的原木，可按堆进行满尺测量
托盘货物	从同类型、同规格的托盘货物中取单件进行满尺测量，求出单件货物的体积，然后计算出整批货物的总体积

课堂活动

对于一头大、一头小的捆装货物，物流作业人员应如何测量其体积？

计量货物的重量和体积

实训步骤

（1）全班学生自由分组，每组 3～5 人，并选出一名小组长。

（2）小组长任意选择 3 件件装货物，组织小组成员分别计量其毛重、净重和体积，用两种计量单位表示，并将结果填入表 1-11 中。

表 1-11 货物的重量和体积

货物	毛重		净重		体积	

（3）老师对学生所填内容进行点评。

任务三 了解货物质量管理

任务导入

在培训过程中，仓储运输部的李经理强调了本部门实行货物质量管理的重要意义，明确要求所有物流作业人员必须强化质量管理意识，熟悉运输、储存、装卸搬运等环节中影响货物质量的因素和货物质量管理措施。此外，李经理要求仓储运输部的运输组、仓管组、装卸搬运组严格应用戴明循环改进各项工作。

问题：

（1）影响货物质量的因素有哪些？相应地，可采取哪些货物质量管理措施？

（2）什么是戴明循环？戴明循环的内容有哪些？

一、货物质量的概念

根据国家标准《质量管理体系 基础和术语》（GB/T 19000—2016），质量是指客体的一组固有特性满足要求的程度。因此，可将货物质量定义为：货物的固有特性满足要求的程度。理解这一概念，需要把握“固有特性”和“要求”两个关键词。

（1）固有特性是指货物本来就具有的特性，如密度、颜色等。

（2）要求是指明示的、通常隐含的或必须履行的要求。其中，“明示的要求”可以理解为规定的要求，如合同中阐明的要求或客户明确提出的要求等；“通常隐含的要求”是指组织（包括行政机构、协会、企业等）和相关方（包括客户、企业员工、银行和工会等）的惯例或一般做法，如出口货物包装的图案与颜色不能与进口国的文化相冲突；“必须履行的要求”是指法律法规、政策、标准中明确列出的要求。

二、影响货物质量的因素

货物经过运输、储存、装卸搬运等多个环节，其质量可能会发生变化。为了最大限度地保障货物质量，物流作业人员应熟悉各物流环节中影响货物质量的因素。

（一）运输环节

在运输环节，影响货物质量的因素主要有以下几个：

（1）运输工具存在问题。例如，车门（舱门）无法密封、内部通风设备失灵等。

（2）货物配载不当。例如，将性质不相容的货物混装在同一运输工具中，致使货物串味、结块、自燃、被腐蚀或被污染。

（3）运输途中采取的措施不当。例如，在运输易腐货物时通风不当、冷藏温度未达标，导致易腐货物变质。

（4）不可抗力。在运输过程中遭遇不可抗力，如台风、海啸、地震等自然灾害或交通事故等，会导致货损。

运输环节的有效保障——货物运输保险

同步案例

混装货物致串味，X 物流公司赔偿 26 万余元

4 月 30 日，L 商贸公司与 X 物流公司签订运输合同，约定 X 物流公司作为承运人之一，负责将 L 商贸公司的一批毛毯从甲地运送至乙地，并承担运输过程中的货物损失赔偿责任。

5 月 4 日，X 物流公司将该批毛毯与花椒混装在一辆车上运输，导致毛毯沾染异味，收货人按照全损处理，将毛毯全部销毁。经查，货物混装由 X 物流公司管理人员指挥不当导致，因此 X 物流公司需要承担货物损失的全部责任，向收货人赔偿 26 万余元。

（二）储存环节

在储存环节，影响货物质量的因素主要有以下几个：

（1）仓库设备存在问题。例如，通风、制冷设备出现故障，导致仓库内温湿度发生变化，进而导致易腐货物变质。

（2）保管与养护措施不当。例如，堆码过高导致货垛倒塌，出现货损；未做好防汛工作，导致货物被雨水浸泡而变质；杀虫、灭鼠不及时，致使货物遭受虫蛀、鼠咬。

（三）装卸搬运环节

在装卸搬运环节，影响货物质量的因素主要有以下几个：

（1）设备故障。例如，吊钩、滑车（见图 1-9）、吊货索（见图 1-10）等索具松弛、断裂。

（2）操作不当。例如，装卸易碎货物时未做到轻拿轻放，装卸超限货物时起吊绑扎位置不当，起吊货物的重量超过吊杆安全负荷等。

（3）疏忽大意。例如，在雨雪天气未能及时关舱或搭棚，造成货物水湿、溶化。

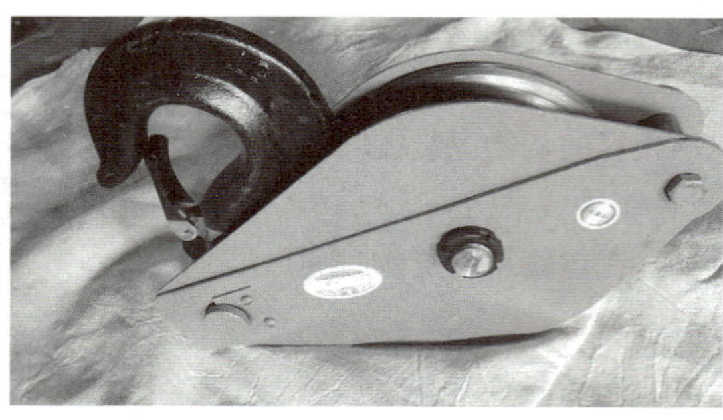

图 1-9　滑车

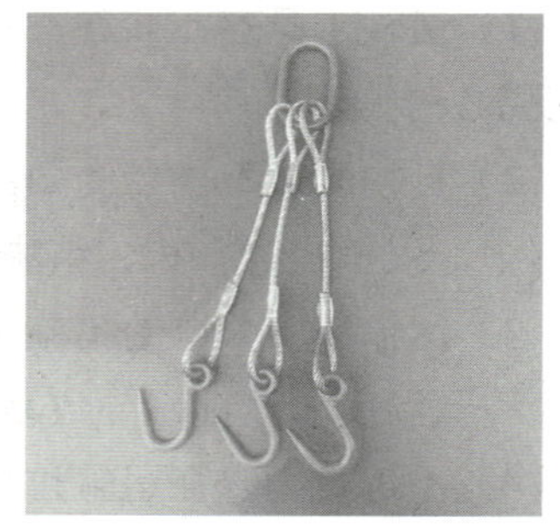

图 1-10　吊货索

三、货物质量管理措施

货物质量管理是指应用各种科学原理，保障、提高货物质量的管理活动。物流企业可采取以下货物质量管理措施：

（1）建立质量管理小组，严格实行货物质量管理责任制。

（2）对物流作业人员进行培训，使其熟悉各种货物的性质和包装规范，了解运输工具的尺寸、性能，科学地做好配载工作。

（3）做好安全操作规范宣传工作，使物流作业人员树立严格遵守操作规范的意识。

（4）做好货物验收工作。认真检查货物包装，查看货物流向等信息，剔除残损货物，认真办理货物交接手续。

（5）及时做好仓库和运输工具的清扫工作，定期消毒、杀虫，确保储存、运输环境干净。

（6）加强对各种设备的安全检查，做好应对天气变化的准备。

同步案例

K 港务公司的货物质量管理办法

第一章　总则

第一条　为加强货物质量管理，减少货损、货差，根据相关法律法规和公司实际情况，制订本办法。

第二条　货物质量管理坚持“质量第一，预防为主”的方针，遵循全员、全方位、全过程控制原则，建立部门、班组、岗位逐级负责制。

第二章　管理职责

第三条　业务部主管货运质量管理工作，主要职责如下：① 宣传贯彻交通运输部门的货运规定；② 确定货运质量考核指标和措施；③ 掌握公司的货运质量动态，组织货运质量检查，提出改进意见；④ 调查货运质量事故。

第四条　安全生产部的职责如下：① 编制作业方案，合理安排泊位、仓库、车辆，提出货物质量要求；② 指挥现场作业，及时制止违章作业；③ 检查货物质量岗位责任的落实情况；④ 协调处理货物质量事故。

第五条　技术设备部的职责如下：做好各类设备的检测、维修和保养工作，提供安全可靠的设备。

第三章　储存管理

第六条　货物出入库时，按单交接，点清件数，分清残损，验明包装、规格、品名。如果发现质量问题，应及时做好记录并告知托运人、收货人。

第七条　对性质相抵触、易腐、易被污染的货物采取相应措施，避免货物变质、污损。

第八条　储存货物做到“八防”，即防混、防泄漏、防霉变、防污染、防湿、防火、防虫害与鼠害、防盗。

第四章　装卸管理

第九条　装货前检查车（船）体是否符合装载技术规定，不符合不得装车（船）。

第十条　合理使用工具，做到不超限、不亏载、不偏重、不集重。

第十一条　将货物捆扎牢固，使其与车（舱）门间留出合适距离，封好车（舱）门。

第十二条　将散装固体货物划线装车（船），避免混装；确保散装液体货物不溢、不滴、不混。

第十三条　卸货时必须将货物卸清，然后清扫车厢（货舱），关好车（舱）门，作业完毕后必须确保车（船）边清、道路清、机具清。

…………

四、货物质量管理方法——戴明循环

货物质量管理的方法有很多，此处主要介绍戴明循环。

（一）戴明循环的实施步骤

戴明循环又称 PDCA 循环，由工程师休哈特首先提出，戴明采纳并提倡。戴明循环包括 4 个阶段，即计划（plan）、执行（do）、检查（check）、处理（action），如表 1-12 所示。

表 1-12　戴明循环的 4 个阶段

阶段	具体内容
计划	根据市场要求，确立质量管理目标，提出实现目标的措施和办法
执行	按计划进行生产活动
检查	检查计划的执行情况，确保产品质量和企业信誉
处理	对一次循环进行总结。将成功的经验标准化（如编写作业指导书），以便在以后的工作中加以应用；总结失败的教训，分析失败的原因；对于没有解决的问题，在下一次循环中解决

将戴明循环应用于货物质量管理的具体步骤如下：

（1）根据货物需求方的要求，确立货物质量管理目标，提出运输、储存、装卸搬运等环节的货物质量管理措施。

（2）按计划开展物流活动，采取具体措施保障货物质量。

（3）检查货物质量管理措施的执行情况，查看货物是否存在质量问题。

（4）对整个物流工作进行总结。根据成功的经验编写指导文件，发放给对应物流环节的作业人员；如果发现货物质量问题，积极分析原因并加以解决；如果存在暂时无法解决的货物质量问题，则在下一次循环中解决。

（二）戴明循环的特点

1. 大环套小环

戴明循环作为一种科学的质量管理方法，可用于各物流环节的质量管理工作。整个物流企业是一个大的戴明循环，每个部门甚至每个人均可作为一个小的戴明循环，从而形成一个综合管理体系。上一级戴明循环是下一级戴明循环的基础，反过来，下一级戴明循环是上一级戴明循环的具体表现。通过循环将各项工作有机联系起来，共同提高货物质量管理水平。

2. 阶梯式上升

戴明循环并不是运行一次就结束了，而是像车轮一样向前滚动，周而复始，不断循环。一次循环结束后，如果还有遗留问题或出现新的问题，就将其放入下一次戴明循环中进行解决，以此类推。这种循环不是在同一水平上的循环，而是呈阶梯式上升，每循环一次，货物质量管理水平就提高到一个新高度，如图 1-11 所示。

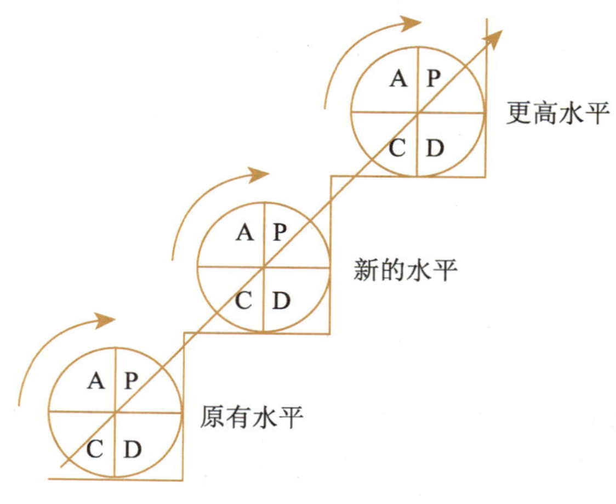

图 1-11　戴明循环呈阶梯式上升

3. 关键在处理阶段

处理阶段既是本次循环的最后阶段，也是下一次循环的准备阶段，是相邻循环的结合点。在这一阶段，必须总结成功的经验与失败的教训，并制订相应的规章制度，这样才能使整个循环更好地发挥作用。

应用戴明循环解决货物运输质量问题

1. 实训背景

6月3日，冉某在甲地N仪器制造公司购买了一台精密仪器，并委托T物流公司承运。双方签订的运输合同中约定了以下事项：

（1）T物流公司在6月4日将货物装车并于3日内运至乙地，卸货后冉某付清运费2 400元。

（2）发车后，运输人员需要与冉某保持联系，及时将运输情况告知冉某。

（3）运输人员需要准备安全绳、防水布及其他工具与设备。若货物损坏或丢失，T物流公司必须照价赔偿。

6月4日，T物流公司安排司机钱某驾驶货车前往甲地装货。在运输过程中，一根捆绑精密仪器的安全绳松动，导致精密仪器撞上货车厢壁后损坏。6月7日，冉某抵达T物流公司，要求其赔偿精密仪器维修费用65 000元。

2. 实训步骤

（1）全班学生自由分组，每组3～5人，并选出一名小组长。

（2）小组长组织小组成员，讨论以下问题：① 该精密仪器为什么会损坏？② 如何应用戴明循环提高T物流公司的货物运输质量？

（3）讨论结束后，小组长对本组的观点进行汇总、整理，并将结果填入表1-13中。

表1-13　提高货物运输质量的措施

阶段	具体内容
计划	
执行	
检查	
处理	

（4）老师对学生所填内容进行点评。

学习成果自测

1. 填空题

（1）货物是指经济与社会活动中实体流动的______________。

（2）在物流过程中，货物所受的外力有______________和______________之分。

（3）货物的化学性质是指货物发生变化而产生______________的性质。

（4）货物的计量是指用一定的数值和______________表示货物的数量、重量、长度、面积、体积、容积等的过程。

（5）质量是指客体的一组______________满足要求的程度。

2. 单项选择题

（1）以下选项中，（　　）属于普通货物。

A. 鱼苗　　B. 酒　　C. 炸药　　D. 文物

（2）（　　）是指用代码的末位数字对同类货物进行细分的方法。

A. 数字分段法　　B. 分组编码法

C. 暗示编码法　　D. 后数位编码法

（3）以下选项中，（　　）属于货物的机械性质。

A. 溶化　　B. 吸湿　　C. 散热　　D. 渗漏

（4）戴明循环最关键的阶段是（　　）阶段。

A. 处理　　B. 计划　　C. 检查　　D. 执行

3. 多项选择题

（1）成组装货物包括（　　）。

A. 托盘货物　　B. 网兜货物

C. 集装袋货物　　D. 集装箱货物

（2）货物的吸湿性主要受到（　　）等因素的影响。

A. 货物的储存时间　　B. 货物的亲水性

C. 货物的结构　　D. 货物的纯度

（3）以下选项中，（　　）属于易挥发货物。

A. 酒精　　B. 水泥

C. 汽油　　D. 生皮

（4）皮重可分为（　　）。

A. 平均皮重　　B. 实际皮重

C. 习惯皮重　　D. 约定皮重

4．简答题

（1）简述货物编码的原则。

（2）简述计量袋装货物和托盘货物体积的方法。

（3）简述货物质量管理措施。

请进行学习成果评价，并将评价结果填入表 1-14 中。

表 1-14　学习成果评价表

评价项目	评价内容	分值	评价分数	
			自评	师评
知识（40%）	货物的分类	10		
	货物的编码原则和编码方法	5		
	货物的性质	10		
	货物的计量单位和货物重量、体积的计量方法	5		
	货物质量的概念、影响因素、管理措施和管理方法	10		
技能（40%）	能够对货物进行合理编码	10		
	能够合理计量货物重量	10		
	能够合理计量货物体积	10		
	能够合理应用货物质量管理方法	10		
素养（20%）	乐于学习，勤于学习，善于学习	5		
	具备团队精神，积极与人合作	5		
	严谨细致，精益求精	5		
	挖掘创新潜能，提高创新能力	5		
合计		100		
总评（自评×40%+师评×60%）			老师签名：	

项目二

货物检验

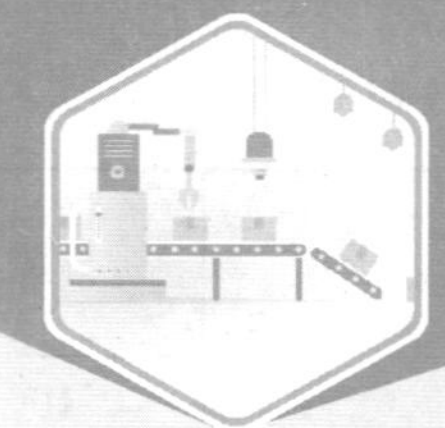

项目引言

在贸易过程中，货物经过长途运输，经常会出现残损、短少甚至灭失的情况，从而导致买卖双方产生争议。部分进出口货物不符合质量要求，还会对本国的经济、环境产生不良影响。因此，为保障买卖双方的权益，维护本国利益，有必要对货物进行检验。本项目先简要介绍货物检验的基础知识，然后详细介绍进出口货物检验的相关知识。

知识目标

- ✓ 熟悉货物检验的分类和内容，掌握货物检验的方法。
- ✓ 了解进出口货物检验的分类和进出口货物检验地点。
- ✓ 熟悉进出口货物法定检验的程序。

素质目标

- ✓ 了解与货物检验有关的法律法规，增强尊法、守法意识。
- ✓ 学习“进口危险化学品检验模式改革措施在江西落地”案例，了解我国海关监管制度的创新情况，学会变中求新、变中求进、变中突破。

任务一　认识货物检验

小刘是某第三方检验公司的检验员，她所在的公司经常接受货物买方或卖方的委托检验货物。小刘的工作内容如下：确认货物是否变形、挥发、熔化、发霉；确认货物的长度、宽度、高度、重量、数量是否与买卖合同一致；确认货物是否危害人体、动植物和环境；确认货物包装标志是否正确，包装是否牢固；等等。

问题：

（1）什么是货物检验？货物检验的内容有哪些？

（2）小刘可以采用哪些方法检验货物？

货物检验（见图 2-1）是指货物的买方、卖方或者第三方按照法律法规、标准、合同、惯例等，对货物的质量、规格、重量与数量、安全与卫生、包装等进行检查，并做出评定的活动。

图 2-1　货物检验

一、货物检验的分类

（一）按检验主体分类

按检验主体的不同，货物检验可分为以下三类。

1. 第一方检验

第一方检验又称生产检验，是指货物卖方为保障货物质量、维护自身信誉而对货物进行的检验。

2. 第二方检验

第二方检验又称验收检验，是指货物买方为维护自身利益、保证货物符合标准和合同要求而进行的检验。实施这种检验，有助于货物买方及时发现货物的问题，促使卖方严格控制货物质量。

3. 第三方检验

第三方检验是指第三方为维护买卖双方的合法权益和社会公共利益、推动贸易正常进行而对货物进行的检验。

（二）按检验数量分类

按检验数量的不同，货物检验可分为以下两类。

1. 全数检验

全数检验是指对整批货物进行的检验。这种检验结果较准确，但耗时长，成本高，可能导致资源浪费。全数检验适用于货物批量较小、货物价值较高、检验步骤简单、检验过程对货物影响较小的情况。

2. 抽样检验

抽样检验是指从一批货物中随机抽取部分货物（即样本）进行检验，从而推断整批货物是否合格的检验。这种检验耗时短，成本低，但检验结果可能有偏差，而且要求样本具有代表性。抽样检验适用于货物批量较大、货物价值较低、检验步骤复杂、检验过程对货物影响较大的情况。

（三）按内外销售情况分类

按内外销售情况的不同，货物检验可分为以下两类。

1. 内销货物检验

内销货物检验是指国内的货物买卖双方或国家质量监督管理机构及其认可的质量监督检验机构对内销货物进行的检验。

2. 进出口货物检验

《中华人民共和国进出口商品检验法》（以下简称《进出口商品检验法》）规定，国务院设立进出口商品检验部门（以下简称“国家商检部门”），主管全国进出口商品检验工作。国家商检部门设在各地的进出口商品检验机构（以下简称“商检机构”）管理所辖地区的进出口商品检验工作。商检机构和依法设立的检验机构，依法对进出口商品实施检验。因此，进出口货物检验就是商检机构和依法设立的检验机构对进出口货物进行的检验。

释疑解惑

国家商检部门即海关总署，商检机构即海关总署设在省、自治区、直辖市以及进出口商品的口岸、集散地的出入境检验检疫机构及其分支机构。

二、货物检验的内容

货物检验的内容主要包括质量检验、规格检验、重量与数量检验、安全与卫生检验、包装检验等。

（一）质量检验

质量检验是货物检验的核心内容，狭义的货物检验一般就是指货物质量检验。质量检验可分为外在质量检验和内在质量检验。前者是对货物的色泽、硬度、新鲜度、成熟度、气味等进行的检验，后者是对货物的成分、性能等进行的检验。

（二）规格检验

规格检验主要是指对货物的长度、宽度、高度、面积、体积、容积等进行的检验，如检验鞋的尺码、纤维的细度、玻璃的厚度等。

（三）重量与数量检验

重量与数量检验是指根据合同、发票、装箱单等，对货物的实际重量与实际数量进行的检验。

（四）安全与卫生检验

安全与卫生检验是指对货物危害人体、动植物和环境的情况进行的检验。例如，检验电子产品的绝缘性能、漏电和辐射情况，检验木制品中的苯、甲醛等有毒物质的含量，检验食品中的铅、镉等有害金属元素的含量，等等。

（五）包装检验

包装检验是指对货物包装材料、包装容器、包装标志、包装方法等进行的检验。对于进口货物，主要检验包装材料、包装方法和衬垫物是否符合合同规定，如果外包装破损，则需检验货物残损情况，查明货损责任方；对于出口货物，除检验上述内容外，还需检验货物外包装是否完整、牢固、干燥、清洁，是否适合长途运输。

除上述内容外，有时还需根据实际情况检验货物的装运技术条件、原产地证明书、价值证明等。

课堂活动

判断以下货物检验活动的检验内容：

（1）检验电池充电和放电是否正常。

（2）检验油墨的细度。

（3）检验液化石油气钢瓶是否坚固。

（4）检验饲料中的大肠菌群数量。

三、货物检验的方法

常用的货物检验方法主要包括感官检验法、理化检验法和生物学检验法。

（一）感官检验法

感官检验法又称感官分析法或感官评价法，是指检验人员借助感官检验货物的方法。该方法主要分为以下几种。

1．视觉检验法

视觉检验法是指通过视觉器官检验货物的外形、色泽、疵点（即货物上不应有的面积或体积较小的瑕疵）等情况的方法。视觉检验法是一种应用极为广泛的感官检验法，常用于检验茶叶的外形、汤色、叶底（即干茶经开水冲泡后所展开的叶片），水果的外形、颜色、光滑度，纺织品的色泽、疵点，罐头食品（见图 2-2）的容器外观和内容物形态，玻璃罐的外观，等等。

图 2-2　罐头食品

如何用视觉检验法检验丝绸类货物

由于外界条件（如光线的强度和照射方向、背景对比情况等）会影响视觉检验结果，因此检验人员必须在标准照明条件下进行视觉检验，并且应接受专门训练，熟悉货物外观方面的知识和不同等级货物之间的界限。

2．嗅觉检验法

嗅觉检验法是指通过嗅觉器官检验货物气味的方法。该方法广泛应用于食品、香水等货物的检验。在检验过程中，检验人员应按照气味从淡到浓的顺序进行检验，避免长时间接触刺激性气体（如氯气、氨气等），并注意采取措施防止被检验货物串味。

3．味觉检验法

味觉检验法是指通过味觉器官检验有一定味道要求的货物（主要是食品和药品）的方法。为了顺利地进行味觉检验，检验人员既要具备辨别基本味道的能力，又要采用正确的检验方法，遵守一定的操作规范，如保证被检验货物样品的温度与对照货物温度一致、使

货物样品在口中慢慢移动且不能吞咽、每次检验前必须漱口等。

释疑解惑

味觉检验在很大程度上受到检验人员味觉敏感度的影响。检验人员可根据《感官分析 味觉敏感度的测定方法》（GB/T 12312—2012）测定自己的味觉敏感度。

4. 听觉检验法

听觉检验法是指通过听觉器官检验货物发出的声音是否正常或优美的方法。听觉检验法一般用于以下场合：① 检验陶器、瓷器、玻璃及其制品、金属及其制品有无内在缺陷；② 检验以声音为质量指标的乐器、家用电器等是否合格；③ 检验食品是否成熟、新鲜，如根据鸡蛋晃动时是否有水声判断其新鲜度。检验人员在进行听觉检验时，应处于安静的环境中。

5. 触觉检验法

触觉检验法是指通过触觉器官检验货物的光滑度、硬度、含水量、温度、弹性等的方法，常用方式有触摸、按压、拉伸、拍打、敲击等。例如，检验粮食时，可以用手触摸粮粒（见图 2-3），凭借手感鉴别粮粒的光滑度；还可以将手插入粮堆中，根据手插入粮堆时的阻力大小、冷热感觉、刺手程度判断粮食含水量和粮温。

图 2-3 触摸粮粒

知识拓展

罐头食品的感官检验

《罐头食品的检验方法》（GB/T 10786—2022）中规定了罐头食品感官检验的有关内容，其中部分内容如下。

1. 检验人员要求

（1）身体健康，视觉、嗅觉、味觉、触觉等符合相关要求。

（2）具备相关技能，熟悉检验样品的组织与形态、色泽、气味、滋味等，掌握有关的感官检验术语。

（3）感官检验当天，不得使用有气味的化妆品，不得吸烟、饮酒。

（4）感官检验时，穿戴清洁、无异味的工作服、帽。

（5）不在饥饿、疲劳的情况下进行感官检验。

（6）在检验开始前1小时保持口腔清洁。

2. 仪器设备

白瓷盘、卫生开罐刀、匙、不锈钢圆筛、烧杯、量筒。

3. 组织、形态和杂质

（1）将畜禽肉、水产品类罐头加热至汤汁融化（午餐肉、凤尾鱼等罐头无须加热），然后将内容物倒入白瓷盘中，按相应产品标准要求观察并检验其组织、形态和杂质。

（2）将糖水型水果罐头、蔬菜类罐头、食用菌罐头在室温下打开，先滤去汤汁，然后将内容物倒入白瓷盘中，按相应产品标准要求观察并检验其组织、形态和杂质。

（3）将粥类罐头摇匀后开罐倒入白瓷盘中，均匀铺开，按相应产品标准要求观察并检验其组织、形态和杂质。

4. 色泽

（1）在白瓷盘中观察畜禽肉、水产品类罐头的色泽是否符合标准，将汤汁注入量筒中，静置3分钟后，观察其色泽和澄清程度。

（2）在白瓷盘中观察糖水型水果罐头、蔬菜类罐头、食用菌罐头的色泽是否符合标准，将汤汁倒入烧杯中，观察其汤汁是否清亮透明，有无杂质。

（3）在白瓷盘中观察粥类罐头的色泽。

5. 气味与滋味

（1）检验罐头食品是否具有该产品应有的气味与滋味，有无哈喇味（即脂肪酸败产生的气味）及其他异味。

（2）对于果蔬类罐头，检验其是否具有与原果蔬近似的香味。对于果汁类罐头，应先嗅其香味（浓缩果汁应稀释至规定浓度），然后评定其酸甜度是否适口。

（二）理化检验法

理化检验法是指在实验室环境条件下，借助各种器具和试剂，采取物理、化学手段来检验货物的方法。该方法主要用于检验货物的成分、结构、物理性质、化学性质、安全性和卫生性等。理化检验法又可分为物理检验法和化学检验法。

1. 物理检验法

物理检验法可用于检验橡胶、纸张的透气性、透水性，纺织品的缩水率、色牢度，塑料及其制品的耐酸碱性、耐老化性，化学品的黏度，等等。在实践中，常用的物理检验法有以下几种。

1）一般物理检验法

一般物理检验法是指使用仪器测定货物的基本物理量（如长度、面积、密度等）的方法。这些物理量通常是货物贸易中的重要交易条件。

2）力学检验法

力学检验法是指使用推拉力计、扭力计（见图 2-4）、硬度计等力学仪器测定货物力学性能的方法。力学性能包括抗拉强度、抗弯强度、抗压强度、抗冲击强度等，与货物的耐用性密切相关。在实践中，力学检验法常用于检验金属及其制品、橡胶、纺织品、纸张的抗拉强度，陶器、瓷器的抗弯强度，石材、木材的抗压强度，等等。

3）光学检验法

光学检验法是指使用显微镜（见图 2-5）、X 射线机、折光仪（见图 2-6）等光学仪器测定货物光学性质的方法。光学性质主要是指物质吸收、反射和折射光线时所表现出的各种性质，如颜色、光泽、透明度等。在实践中，光学检验法常用于检验固体货物内部是否有裂痕、液体货物是否变质等。

图 2-4　扭力计

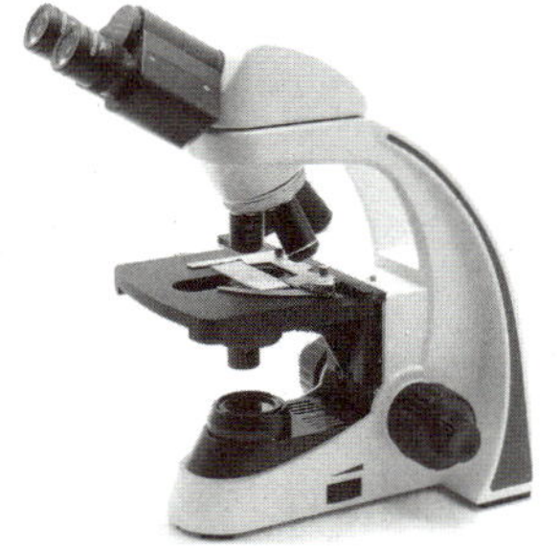

图 2-5　显微镜

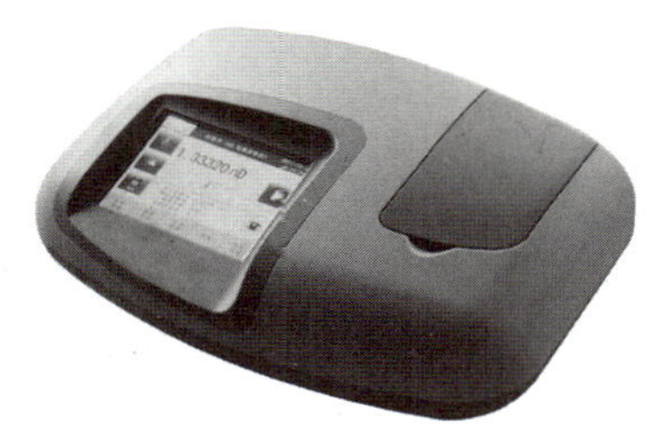

图 2-6　折光仪

4）电学检验法

电学检验法是指使用电流表、电压表（见图 2-7）等电学仪器测定货物电学性质的方法。电学性质包括电流、电压、电阻、电功率、电导率、磁性等。在实践中，采用电学检验法可间接测定货物的其他性质。例如，测定纺织品在不同湿度环境中的电阻，可以判断其吸湿性。

5）热学检验法

热学检验法是指使用温度计、烘箱（见图 2-8）等热学仪器测定货物热学性质的方法。热学性质包括熔点、凝固点、耐热性、导热性、热安定性等。在实践中，热学检验法常用于检验玻璃的熔点、汽油的凝固点、塑料制品的耐热性、金属制品的导热性、烟花爆竹的热安定性等。

图 2-7　电压表

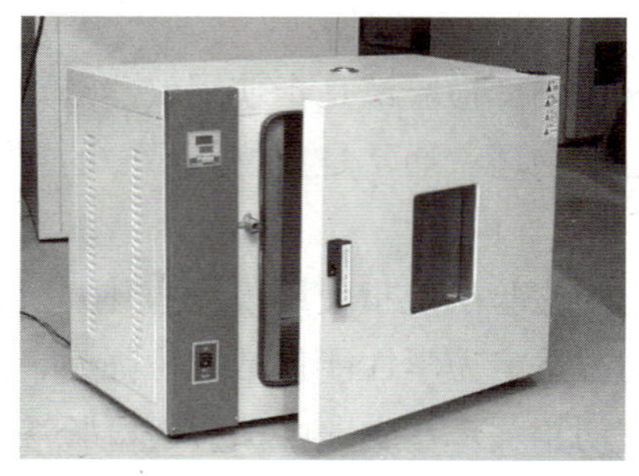

图 2-8　烘箱

知识拓展

烟花爆竹热安定性试验

根据《烟花爆竹 检验检测方法》（GB/T 41644—2022），烟花爆竹的热安定性试验如下。

1．试验条件

（1）在抗爆间室完成。

（2）样品数量：单个产品含药量不高于 100 g 的，取不少于 3 个产品；单个产品含药量高于 100 g 的，将其拆解后称取 50 g 未粉碎的烟火药。

（3）将恒温烘箱的温度控制在 75℃，并确保波动范围不超过 2.5℃。

（4）总电源控制开关应设置在抗爆间室外。

2．试验步骤

（1）将样品放置在抗爆间室内的恒温烘箱中，关闭烘箱门，将恒温调节开关调至 75℃后退出抗爆间室，关闭抗爆间室门。

（2）在抗爆间室外启动总电源控制开关，将烘箱加热到 75℃，持续 48 h，然后关闭总电源控制开关。

（3）从烘箱中取出样品，在室温下放置不少于 24 h 后备用。

（4）对冷却后的样品进行燃放试验，查验样品在燃放过程中是否符合原设计效果。符合原设计效果的为通过，并记录；试验过程中出现着火、爆炸、冒烟、产品外壳损坏等现象的为不通过，并记录。

2．化学检验法

化学检验法是指用化学仪器和试剂对货物的化学成分及其含量进行测定，进而判断货物是否符合规定质量要求的方法。在化学检验法中，化学分析法最具有代表性。

化学分析法是指根据检验过程中样品和试剂所发生的化学反应以及样品和试剂的用量来测定货物的化学成分及其含量的方法。化学分析法用于食品检验时，可以测定食品中所含的营养素、食品添加剂、有毒有害物质，若食品酸败、腐败，还可以测定食品变质过程中的化学成分；用于纺织品检验时，可以测定纺织品中有效成分、有害成分、杂质的含量，有助于分析其耐酸碱性、耐腐蚀性等性质。

（三）生物学检验法

生物学检验法常用于食品、药品、日用工业品、动植物及其制品的检验，可分为以下两种。

1. 微生物学检验法

微生物学检验法（见图 2-9）是指应用微生物技术测定货物中是否含有某种微生物及其数量多少的方法。该方法主要用于食品卫生检验。在实践中，对食品进行卫生检验时，一般会测定其菌落总数和大肠菌群、沙门氏菌、志贺菌、金黄色葡萄球菌等微生物的数量。进行微生物学检验，有助于判断食品被细菌、霉菌等污染的程度，并预测食品的保质期。

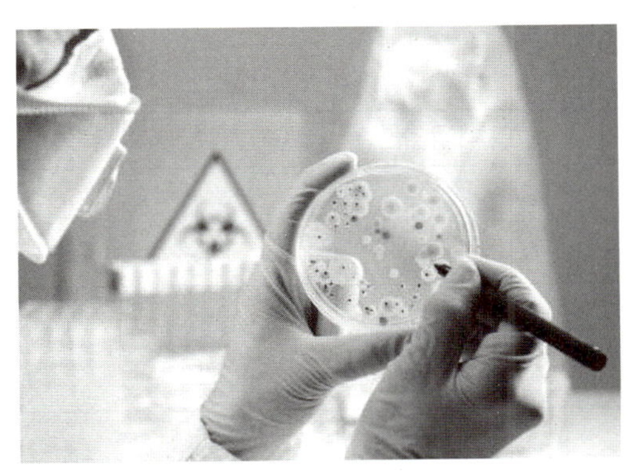

图 2-9　微生物学检验法

微生物学检验法的操作步骤如下：

（1）制备培养基：根据微生物生长需要，将多种营养成分配制成营养基，以促进微生物生长。

（2）灭菌：采用加热灭菌、紫外线灭菌等方法杀灭检验场所内和检验器具上的所有微生物。

（3）接种：将货物样品粉碎或稀释后转移到培养基上，整个过程需要在无菌条件下操作。

（4）培养：将接种好的培养基在一定温湿度和空气条件下放置一定时间，使微生物生长与繁殖。

（5）检验：借助显微镜等设备观察培养后的微生物，确定微生物的类型、数量。

2. 生理学检验法

生理学检验法主要用于检验食品的可消化率、发热量、各种成分对机体的作用，以及食品和其他货物中某些成分的毒性等。检验时，一般用活体动物进行试验。

除上述方法外，常用的货物检验方法还有实际试用观察法。该方法是指检验人员观察货物在实际试用过程中性状和功能的变化，从而判断货物是否合格的方法。由于实际试用周期长，成本高，而且要经过反复比较才能得出正确结果。因此，为了缩短检验时间，尽快取得检验结果，对某些货物往往可进行强化或加速模拟试用试验。

同步实训

判断货物检验方法

实训步骤

（1）每名学生从食品、金属及其制品、塑料及其制品中选择一种，在全国标准信息公共服务平台（https://std.samr.gov.cn/）上查找相关检验标准，概括检验内容并判断所用的检验方法，然后将相关信息填入表 2-1 中。

表 2-1　货物检验信息

货物类型	具体货物	检验标准	检验内容	检验方法
食品				
金属及其制品				
塑料及其制品				

（2）老师对学生所填内容进行点评。

任务二　了解进出口货物检验

任务导入

甲公司是一家化妆品销售企业，计划从乙公司进口一批化妆品，该化妆品已列入必须实施检验的进出口商品目录（以下简称“目录”）。买卖合同中约定：乙公司在装运货物时，以规定的装运地检验机构出具的检验证书为向银行收取货款的凭证之一；货物到达目的地后，由双方约定的检验机构在规定的时间与地点对货物进行复验。

YR 物流公司负责承运这批化妆品，并负责向入境口岸的海关报检。

问题：

（1）进出口货物检验可分为哪些类型？上述案例中的进出口货物检验属于哪种类型？

（2）进出口货物检验地点有哪几种？

（3）YR 物流公司应如何报检？

一、进出口货物检验的分类

按是否具有强制性，进出口货物检验可分为法定检验和非法定检验。

（一）法定检验

法定检验是指对国家规定必须经过检验才准予进出口的货物实施的检验。必须接受法定检验的货物可分为以下两类：

（1）列入目录的进出口货物。《进出口商品检验法》第五条第一款规定：“列入目录的进出口商品，由商检机构实施检验。”

（2）法律、行政法规规定必须实施检验的进出口货物。例如，根据《危险化学品安全管理条例》第六条第三项的规定，质量监督检验检疫部门负责对进出口危险化学品及其包装实施检验。因此，进出口危险化学品无论是否列入目录，均须接受法定检验。

（二）非法定检验

非法定检验是指检验机构根据买卖双方的申请，对进出口货物实施的检验。非法定检验的货物主要是法定检验的货物以外的进出口货物。检验机构在对进出口货物进行检验、鉴定后，做出公正结论，并签发有关证书。

同步案例

进出口货物检验案例

1．进口货物甲醛超标

某海关检验出两批进口的水溶性涂料不合格，涉及 7 个型号，总金额达 6 169.2 美元。检验报告显示，上述货物甲醛含量严重超标，部分型号货物的甲醛含量高达 151.1 mg/kg，是限量值 50 mg/kg 的 3 倍多。该海关根据《进口涂料检验规程》（SN/T 3000—2011），将该批货物评定为不合格货物，对其实施销毁处理。

2．进口货物与申报货物品名不符

某海关对一批申报品名为“硬性角膜接触镜片、硬性角膜接触镜试戴片、隐形眼镜维修片”的进口货物实施检验，发现实际到货品名为“硬性角膜接触镜”，与申报货物品名不符。该海关依法将该批货物评定为不合格货物，对其实施退运处理。

3．出口货物未在产地报检

某海关对一批出口货物实施查验时，发现有未申报的疑似危险化学品的次氯酸钙，共计 7 200 kg。根据企业提供的安全数据单等资料和现场研判结果，该批货物属于《危险化学品目录》内列明的危险化学品。但该批货物未在产地报检，企业也未能提供出境危险货物包装使用鉴定结果单，因此，该海关依法对该批货物实施退运处理。

二、进出口货物检验地点

在国际贸易中，进出口货物检验地点通常有以下几种。

（一）出口国检验

出口国检验主要包括产地检验和装运地检验。

1．产地检验

产地检验是指货物从工厂出厂或从产地出运前，由买卖合同中规定的检验机构进行检验。检验机构出具检验证书，作为卖方所交货物的质量、规格、重量、数量等内容的最后依据。卖方只承担货物离开工厂或产地前的责任，对于货物在之后发生的一切变化均不负责任。

2．装运地检验

装运地检验是指在装运地交货前，由买卖合同中规定的检验机构对货物进行检验，并将该机构出具的检验证书作为最后依据。卖方对交货后货物所发生的变化不负责任。

释疑解惑

货物经产地检验或装运地检验合格后，即使买方在收到货物后自行委托检验机构对货物进行复验，也无权针对货物的质量和重量等向卖方提出异议，除非买方能证明其收到与合同规定不符的货物是由卖方违约或货物的固有瑕疵造成的。

（二）进口国检验

进口国检验主要包括目的地检验和买方营业处所检验。

1．目的地检验

目的地检验是指货物到达目的地时，由买卖合同中规定的检验机构在规定时间内就地对货物进行检验，并将该机构出具的检验证书作为最后依据。进行目的地检验时，买方有权根据货物到达目的地时的检验结果，针对属于卖方责任的质量、重量不符点，向卖方索赔。

2. 买方营业处所检验

因使用前不便拆开包装，或因不具备检验条件而不能在目的地检验的货物，通常在买方营业处所由买卖合同中规定的检验机构在规定时间内进行检验。货物的质量、重量等内容以该检验机构出具的检验证书为准。

释疑解惑

若选择目的地检验或买方营业处所检验，卖方必须承担货物到达目的地后的责任。如果货物在质量和数量等方面存在的不符点系卖方责任所致，买方有权凭货物在目的地或买方营业处所经检验机构出具的检验证书向卖方索赔，卖方不得拒绝。

（三）出口国检验、进口国复验

出口国检验、进口国复验是指卖方在出口国装运货物时，将买卖合同中规定的装运地检验机构出具的检验证书作为向银行收取货款的凭证之一，货物到达目的地后，由双方约定的检验机构在规定时间与地点对货物进行复验。

复验后，如果货物与合同规定不符，而且由卖方责任所致，则买方有权凭检验证书在合同规定的时间内向卖方索赔。这种做法兼顾了买卖双方的利益，较为公平、合理，因此在国际贸易中应用较为广泛。

（四）装运地检验重量、目的地检验质量

在大宗货物检验中，为了调和买卖双方在货物检验问题上存在的矛盾，常将货物的重量检验和质量检验分开进行，即以装运地检验机构出具的重量检验证书为卖方所交货物重量的最后依据，以目的地检验机构出具的质量检验证书为货物质量的最后依据。

货物到达目的地后，如果其质量与合同规定不符，而且该不符点由卖方责任所致，则买方可凭质量检验证书向卖方索赔，但买方无权对货物的重量提出异议。

释疑解惑

在实际业务中，进出口货物检验地点通常与所用的贸易术语、货物性质、检验方法、行业惯例、进出口国的法律法规等密切相关。一般情况下，货物检验工作应在交接货物时进行，即卖方向买方交付货物时，买方随即对货物进行检验。

课堂活动

以上检验地点中，选择哪种检验地点对买方最有利？选择哪种检验地点对卖方最有利？为什么？

三、进出口货物法定检验的程序

两分钟带你了解我国进出口货物法定检验程序

进出口货物的法定检验一般按以下程序进行。

（一）报检

需由海关实施检验的进出口货物，报检人（一般为进出口货物的收发货人或者其代理人）应当在海关规定的地点和期限内办理报检手续。报检可分为入境报检和出境报检。

1. 入境报检

入境报检时，报检人应填写入境货物报检单并提供合同、发票、提单等有关单证。报检时间要求如下：

（1）在入境前或入境时向入境口岸、指定的或到达站的海关办理报检手续。

（2）入境货物需对外索赔出证的，应在索赔有效期前不少于 20 天内向到货口岸或货物到达地的海关报检。

（3）输入微生物、人体组织、生物制品、血液及其制品或种畜、禽及其精液、胚胎、受精卵的，应当在入境前 30 天报检。

（4）输入其他动物的，应当在入境前 15 天报检。

（5）输入植物、种子、种苗及其他繁殖材料的，应当在入境前 7 天报检。

知识拓展

报检范围

根据《出入境检验检疫报检规定》第三条的规定，以下进出口货物应当按规定报检：

（1）国家法律法规规定须经检验检疫的。

（2）输入国家或地区规定必须凭检验检疫证书方准入境的。

（3）有关国际条约规定须经检验检疫的。

（4）申请签发原产地证明书及普惠制原产地证明书的。

2. 出境报检

出境报检时，报检人应填写出境货物报检单并提供对外贸易合同（售货确认书或函电）、发票、装箱单等必要的单证。报检时间要求如下：

（1）出境货物最迟应于报关或装运前 7 天报检，对于个别检验检疫周期较长的货物，应留有相应的检验检疫时间。

（2）需隔离检疫的出境动物在出境前 60 天预报，隔离前 7 天报检。

（二）检验

商检机构一般采用随机抽样的方法，从整批货物中抽取一定数量的具有代表性的样品进行检验。

对于经检验不合格的进出口货物，我国制定了相应的处理措施。《进出口商品检验法》第三十三条规定："进口或者出口属于掺杂掺假、以假充真、以次充好的商品或者以不合格进出口商品冒充合格进出口商品的，由商检机构责令停止进口或者出口，没收违法所得，并处货值金额百分之五十以上三倍以下的罚款；构成犯罪的，依法追究刑事责任。"

（三）领取证书

进口货物通过检验后，报检人可领取商检机构签发的检验情况通知单或商检证书。买方在验收进口货物时发现问题，可以向商检机构申请复验；如果复验不合格，可以向商检机构申请正式的商检证书，作为对外索赔的依据。

出口货物通过检验后，报检人可领取商检证书，包括质量检验证书、数量检验证书、重量检验证书、价值检验证书、产地检验证书、卫生检验证书、消毒检验证书、残损检验证书等。若买方未要求正式的商检证书，报检人领取商检机构签发的货物放行单或加盖放行章的出口货物报关单即可。

同步案例

进口危险化学品检验模式改革措施在江西落地

2023 年 2 月 6 日，某科技公司向南昌海关所属九江海关申报的一批重量为 22.82 t、价值为 63.9 万元的环氧树脂到达企业厂区后，九江海关检验人员对该批货物实施了目的地检验。这是海关总署扩大全国进口危险化学品检验模式改革试点范围以来，首批在江西进行申报并执行检验的进口危险化学品，标志着该项改革措施在江西落地。

"之前我们都是在沿海口岸进行申报，这次改革后，公司进口的危险化学品可直接向九江海关申报，并由九江海关实施单证审核和货物检验。货物入境后可直接运往企业仓库，不仅降低了货物在口岸的储存成本，也便于在第一时间将原料投入生产线。"该公司总经理表示，采用新模式后，通关时间可缩短 3～5 天，每一标准集装箱货物的储存费等成本可降低约 480 元。

进口危险化学品检验模式改革是针对进口危险化学品检验地点的一次重要调整，由海关总署根据危险化学品属性和危险货物包装类型，对进口危险化学品分类设定检验的环节（地点）和比例，试点实施"100%审单验证+口岸检验或者目的地检验"模式。改革后，进口危险化学品申报、审单和目的地检验可由属地海关一并完成，大大降低了广大企业在口岸申报产生的储存和运输成本，同时避免了进口危险化学品在口岸滞留的风险。

资料来源：陈晖：《进口危化品检验模式改革试点在我省落地》，《江西日报》，2023 年 2 月 7 日

同步实训

制作普法宣传海报

实训步骤

（1）全班学生自由分组，每组 6～8 人，并选出一名小组长。

（2）小组长组织小组成员，搜集我国有关进出口货物检验的法律法规，如《进出口商品数量重量检验鉴定管理办法》《进出口化妆品检验检疫监督管理办法》《进口旧机电产品检验监督管理办法》《进出口饲料和饲料添加剂检验检疫监督管理办法》《进出口玩具检验监督管理办法》《进出境非食用动物产品检验检疫监督管理办法》《进出境粮食检验检疫监督管理办法》《进口汽车检验管理办法》《出境水生动物检验检疫监督管理办法》《出入境快件检验检疫管理办法》《进出口煤炭检验管理办法》等，每小组至少搜集 3 部。

（3）小组长带领小组成员，对本小组所搜集的法律法规进行汇总和整理，然后归纳并记录其主要内容。

（4）各小组根据所记录的内容制作一份有关进出口货物检验的普法宣传海报，做好后提交给老师。要求：海报主题鲜明，内容丰富，重点突出，构图、配色美观，形式不限（手绘或使用电脑软件制作均可）。

（5）老师对各小组提交的海报进行点评，评出 3 份优秀海报，并在班级内进行展览。

学习成果自测

1．填空题

（1）______________又称生产检验，是指货物卖方为保障货物质量、维护自身信誉而对货物进行的检验。

（2）质量检验可分为______________和______________。

（3）按是否具有强制性，进出口货物检验可分为______________和______________。

（4）入境报检时，报检人应填写____________________并提供合同、发票、提单等有关单证。

2. 单项选择题

（1）狭义的货物检验一般是指（　　）。

A. 货物质量检验　　B. 货物规格检验

C. 货物数量检验　　D. 货物包装检验

（2）检验纺织品的色泽、疵点时，一般可采用（　　）。

A. 嗅觉检验法　　B. 视觉检验法

C. 味觉检验法　　D. 触觉检验法

（3）检验石材、木材的抗压强度时，一般可采用（　　）。

A. 力学检验法　　B. 光学检验法

C. 电学检验法　　D. 热学检验法

（4）采用（　　）时，一般用活体动物进行试验。

A. 物理检验法　　B. 化学检验法

C. 微生物学检验法　　D. 生理学检验法

（5）出境货物最迟应于报关或装运前（　　）天报检。

A. 5　　B. 7

C. 10　　D. 14

3. 多项选择题

（1）货物外在质量检验是对货物的（　　）等进行的检验。

A. 成分　　B. 硬度

C. 新鲜度　　D. 性能

（2）理化检验法可分为（　　）。

A. 微生物学检验法　　B. 生理学检验法

C. 化学检验法　　D. 物理检验法

（3）出口国检验主要包括（　　）。

A. 产地检验　　B. 装运地检验

C. 目的地检验　　D. 买方营业处所检验

4. 简答题

（1）简述微生物学检验法的操作步骤。

（2）简述入境报检的时间要求。

学习成果评价

请进行学习成果评价，并将评价结果填入表 2-2 中。

表 2-2 学习成果评价表

评价项目	评价内容	分值	评价分数	
			自评	师评
知识（40%）	货物检验的分类和内容	10		
	货物检验的方法	10		
	进出口货物检验的分类	5		
	进出口货物检验地点	5		
	进出口货物法定检验的程序	10		
技能（40%）	能够根据货物性质选用合适的检验方法	15		
	能够合理进行货物检验	25		
素养（20%）	乐于学习，勤于学习，善于学习	5		
	具备团队精神，积极与人合作	5		
	严谨细致，精益求精	5		
	挖掘创新潜能，提高创新能力	5		
合计		100		
总评（自评×40%+师评×60%）			老师签名：	

项目三

货物包装

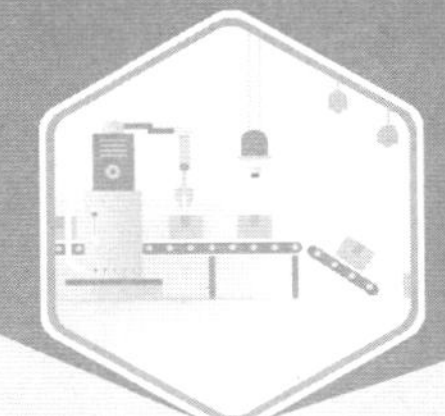

项目引言

在社会再生产过程中，包装既是生产活动的终点，又是物流活动的起点。很多货物只有经过合理包装，才能使运输、储存、装卸搬运等物流活动得以顺利进行。因此，包装在物流活动中具有重要地位。本项目先简要介绍包装的基础知识，然后详细介绍包装材料、包装容器、包装技术和包装标志的相关知识。

知识目标

- ✓ 了解包装的作用、分类和原则。
- ✓ 熟悉常用的包装材料、包装容器和包装技术。
- ✓ 了解常见的包装标志。

素质目标

- ✓ 学习“我国开发出乳品用高性能包装材料”案例，强化创新意识，弘扬开拓精神。
- ✓ 了解绿色包装，树立尊重自然、顺应自然、保护自然的生态文明理念，为优化生态环境、维护生态安全贡献自己的力量。

任务一 认识包装

任务导入

YR 物流公司的仓库中每天都有大量货物入库。有的货物（如钢管等）使用铁丝或捆扎带捆绑，有的货物（如汽油、液化石油气等）使用专用金属桶、钢瓶盛装，有的货物（如机械零部件、纺织品等）装入纸箱、塑料袋中后再用托盘或网兜包装。

问题：

（1）什么是包装？包装可分为哪些类型？

（2）包装货物时应遵循哪些原则？

包装是指为在流通过程中保护货物、方便储运、促进销售，按一定技术方法而采用的容器、材料及辅助物等的总体名称，也指为了达到上述目的而在采用容器、材料及辅助物的过程中施加一定技术方法等的操作活动。简而言之，包装是包装物与包装作业的总称。

一、包装的作用

由包装的定义可知，包装具有保护货物、方便储运、促进销售的作用。

（一）保护货物

包装能够有效保护货物、降低货损率，主要体现在以下几个方面：

（1）减少外力作用的影响。合理包装能够有效减少货物在运输、储存、装卸搬运等物流活动中受到的外力作用，降低货物变形、破损的概率。

（2）减少外界环境对货物的影响。合理包装能够在一定程度上隔绝水分、光线、灰尘和有害气体等，降低货物干裂、受潮、腐烂、锈蚀的概率，从而保证货物在物流活动中的安全。

（3）减少生物对货物的影响。合理包装能够有效防止鼠类、害虫和有害微生物对货物的侵害，降低货物被鼠咬、被虫蛀、霉烂的概率。例如，真空包装可以隔绝空气，抑制微生物的生长与繁殖，从而达到保鲜的目的。

（二）方便储运

在物流活动中，合理包装能够为货物的流转提供巨大便利，从而提高物流活动效率。

包装方便储运的作用主要体现在以下两个方面：

（1）方便货物运输。货物经过适当包装（如捆扎、裹包、装袋、装箱、装桶、装瓶等）后，更便于装卸搬运，从而提高运输效率，降低运输成本。

（2）方便货物储存。从货物验收的角度看，便于拆包和重新打包的包装方式为验收工作提供了便利；从货物堆码的角度看，平整的货物包装能够承受一定压力，便于货物堆码，从而使仓容得到充分利用；从货物在库保管的角度看，清楚、明确的包装标志，便于物流作业人员识别货物，从而缩短货物存取、盘点的时间。

（三）促进销售

包装促进销售的作用主要体现在通过加强企业与消费者之间的沟通，促使消费者产生购买行为上，具体包括以下两个方面：

山姆森包装的成功案例

（1）传达产品信息，指导消费。包装上的文字说明能够传达产品的名称、品牌、价格、产地、生产日期、用途、使用方法、注意事项等信息，起到宣传产品、指导消费的作用。

（2）激发购买欲望。精美的包装（见图 3-1）能够吸引消费者的注意力，激发消费者的购买欲望，从而促进产品销售。

图 3-1　精美的包装

二、包装的分类

对货物包装进行科学分类，有助于实现货物包装标准化。具体而言，货物包装可按以下标准进行分类。

（一）按大小分类

按大小的不同，包装可分为单件包装和集合包装。前者按包装外形可分为包、箱、桶、袋、篓、筐、卷、捆、罐等；后者是指用若干单件包装组合成的大包装，如托盘、网兜、集装袋、集装箱等。

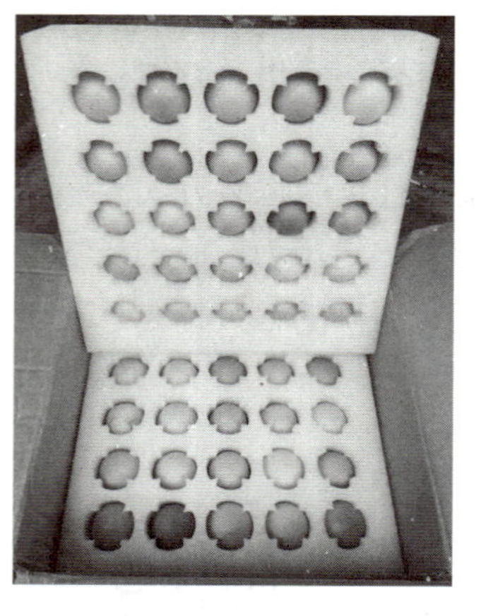
图 3-2　蛋类专用包装

（二）按使用次数分类

按使用次数的不同，包装可分为一次性使用包装和多次使用包装。前者包括纸袋、塑料袋等；后者包括塑料箱、铁桶、玻璃瓶、麻袋等，稍加整理后可重复使用，既可节约资源，又可降低包装成本。

（三）按适用范围分类

按适用范围的不同，包装可分为专用包装和通用包装。前者是指专门针对特定货物设计和制造的包装，如蛋类专用包装（见图 3-2）、液氮专用包装等；后者是指根据标准尺寸设计和制造的包装，可用于包装不同类型的货物。

课堂活动

在日常生活中，你还见过哪些专用包装？

（四）其他分类

（1）按结构的不同，包装可分为固定式包装、折叠式包装（见图 3-3）和拆解式包装（见图 3-4）。固定式包装通常结构简单，外形不易发生变化；折叠式包装不使用时可折叠，使用时可展开；拆解式包装不使用时可拆解成多个部分，使用时可组装起来。

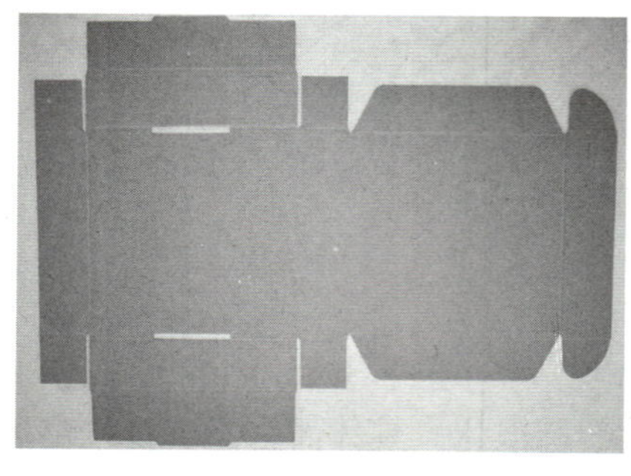
图 3-3　折叠式包装

图 3-4　拆解式包装

（2）按抗变形能力的不同，包装可分为软包装和硬包装。软包装是指在装入或取出内装物后，形状会发生变化的包装，一般用纤维制品、塑料薄膜、复合包装材料等制成。硬包装是指在装入或取出内装物后，形状基本不会发生变化的包装，一般用金属、木材、玻璃、陶瓷、纸板、硬质塑料等制成。

三、包装的原则

在包装过程中，物流作业人员应遵循以下基本原则。

（一）与货物性质相匹配

对于不同性质的货物，应使用不同的包装材料和包装容器。例如，对于易碎货物，应使用富有弹性、内加松软衬垫物的包装；对于液体货物，应使用牢固、密封性良好的包装；对于具有腐蚀性的货物，应使用耐腐蚀的包装。

（二）满足各物流环节需要

货物在流通过程中会经过运输、储存、装卸搬运等多个物流环节。货物包装应尽可能满足上述各环节的需要，如果一种包装无法满足需要，可以将多种包装组合起来使用。例如，纺织品短期储存时可以用纸箱包装，但在海运过程中通常还需要将其装入集装箱中。

（三）顺应科技发展趋势

随着科技的发展，货物包装的材料、设计理念、加工技术等都在不断更新。例如，价格更低、重量更轻、硬度更高、弹性更好、环保性能更优的包装材料不断出现。使用顺应科技发展趋势的包装，既有助于降低包装成本，也有助于保护环境、发展循环经济。

释疑解惑

循环经济是指在生产、流通和消费等过程中进行的减量化、再利用、资源化活动的总称。

同步案例

快件包装可循环，网购变得更环保

有关数据显示，自 2023 年 3 月起，我国单月快件量超百亿件，月均业务收入超 900 亿元，创历史新高。在市场规模稳步扩大的同时，我国邮政快递业也在努力探索绿色发展路径。大力推广可循环快件包装，正是其中一项重要举措。

1. 绿色治理，初见成效

国家邮政局公布的数据显示，截至 2023 年 9 月底，全国电商快件不再二次包装的比例超过 90%，使用可循环包装的快件超 8 亿件，回收、复用质量完好的瓦楞纸箱超 6 亿个。这一成果说明，我国快件包装绿色治理工作已取得初步成效。

2023 年以来，国家邮政局加快推进快件包装标准化、循环化、减量化、无害化，全面实施“9218”工程，统筹推进行业绿色低碳发展。“9218”工程是国家邮政局在

2023 年初提出的建设目标，明确到年底前，实现电商快件不再二次包装的比例达到 90%，深入推进过度包装治理和塑料污染治理两项工作，使用可循环包装的邮件快件达到 10 亿件，回收、复用质量完好的瓦楞纸箱达到 8 亿个。

2023 年 3 月，国家邮政局印发《关于推动邮政快递业绿色低碳发展的实施意见》，针对快件包装绿色治理提出多项具体举措，如“推动电子运单、可循环集装袋、瘦身胶带使用全覆盖”“实施包装绿色产品认证，提升绿色包装供给水平，引导寄递企业优先选购使用获得绿色认证的包装产品”“在同城、生鲜、仓配等业务领域优先推广使用可循环、易回收的包装箱（盒）”等。

下一步，国家邮政局将积极推进全链条治理，强化包装生产企业、电商平台、商品制造企业等的引领作用，推动快件包装设计生产、销售使用、回收处置全链条治理；探索推进地方政府主导可循环快件包装试点和包装废弃物回收处置，加大政策、资金支持力度，扩大循环包装应用规模；积极开展快件包装物回收、复用。

2. 创新研发，数智助力

在政策的鼓励下，各快递企业积极行动，研发、推广可循环快件包装。

中国邮政速递物流提出“数智寄递”概念，研发出数智化可循环文件袋、可循环快件箱等产品。与普通包装不同，这些可循环使用的数智化包装用环保材料制成，并且密封处有一个黑色的小方框，这就是包装的“智能身份锁”和“数字面单”。收件人收到快件后，用手机扫描“智能身份锁”上的二维码，即可开箱取件。之后，会有专人上门回收快件箱，实现数智化包装的循环使用。截至 2023 年 6 月，中国邮政速递物流系统内可循环快件箱使用量已达到 220 万个。

韵达快递在 2023 年新推出了可循环智能文件袋。这款文件袋采用“智能 R 锁”，支持扫码开袋、身份加密，只有指定用户可开启。同时，文件袋还可防水、防火、防污，无须使用胶带粘贴，可重复使用近千次。

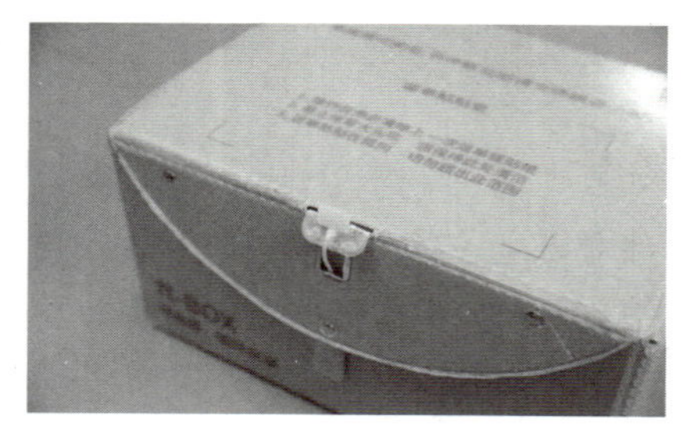

图 3-5 “丰多宝 π-BOX”

顺丰速运研发的可循环包装箱名为“丰多宝 π-BOX”（见图 3-5）。这种外观呈灰白色、可折叠的塑料箱使用环保聚丙烯材料制成，具有较好的柔韧性、抗冲击性、耐用性，而且易清理，可循环使用几十次。箱体使用魔术贴粘贴，无须使用胶带粘贴，10 秒钟即可完成折叠、封箱。截至 2023 年 10 月，“丰多宝 π-BOX”累计投放量已超过 129 万个。

此外，京东物流、菜鸟物流、圆通速递、中通快递等企业也推出了各类可循环使用的包装产品。

资料来源：李贞：《快递包装可循环 网购变得更环保》，《人民日报海外版》，2023 年 10 月 27 日

竞猜货物包装的类型

实训步骤

（1）全班学生自由分组，每组 3～5 人，并选出一名小组长。

（2）各小组搜集 10 张有关货物包装的图片。

（3）各小组长轮流上台展示本小组所搜集的图片，其他小组竞猜图片中货物包装的类型，并简要说明判断依据。

（4）竞猜结束后，各小组之间进行交流讨论，分享心得体会。

（5）老师对各小组的表现进行点评。

任务二　熟悉包装材料、包装容器与包装技术

任务导入

YR 物流公司用厢式货车运输一批 X 光机，在车厢外加盖了篷布。由于在运输途中突遇暴雨，到达目的地时，货物外包装被雨水淋湿。该货车中装有 2 个木箱和 2 个纸箱，2 个纸箱均被雨水淋湿而破损，导致内部设备外露。其中一个纸箱未采取任何防潮措施，另一个纸箱内只有一层塑料薄膜包裹着货物。

随后，YR 物流公司的检验人员对这批货物进行开箱检验，检验结果如下：木箱中的 X 光机虽然外包装受潮，但由于木箱内有塑料真空包装并添加了防潮剂，真空包装内还有两层密封包装，因此设备完好无损；纸箱内为 X 光机的核心部件，由于严重受潮，已经无法使用。

问题：

（1）上述案例中涉及哪些包装材料？这些包装材料分别具有哪些优缺点？

（2）除防潮包装技术外，常用的包装技术还有哪些？

一、包装材料

包装材料是指用于制作包装容器和构成货物包装的材料的总称。常用的包装材料包括纸包装材料、塑料包装材料、金属包装材料、木质包装材料、玻璃包装材料和复合包装材料。

（一）纸包装材料

1. 纸包装材料的分类

在包装材料中，纸包装材料的应用范围最广，使用量最大。纸包装材料可分为包装用纸和包装用纸板两大类。

1）包装用纸

包装用纸可分为普通包装纸、专用包装纸和特种包装纸三大类。

（1）普通包装纸：包括牛皮纸、鸡皮纸（见图 3-6）等，用于包装食品、纺织品及其他体积较小的货物。

（2）专用包装纸：包括玻璃纸（见图 3-7）、防锈纸等，用于包装特定货物。例如，玻璃纸主要用于包装食品，防锈纸主要用于包装金属制品。

图 3-6　鸡皮纸

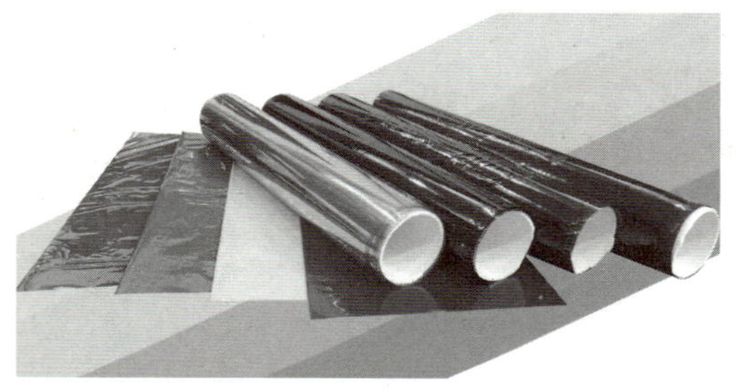

图 3-7　玻璃纸

（3）特种包装纸：包括防油纸、水果包装纸、水泥袋用纸等，有专门用途且原料、制法各异。

2）包装用纸板

包装用纸板包括瓦楞纸板（见图 3-8）、蜂窝纸板（见图 3-9）等，可制作成纸盒、纸箱、纸罐、纸桶，用于包装食品、纺织品、家用电器等各类货物。

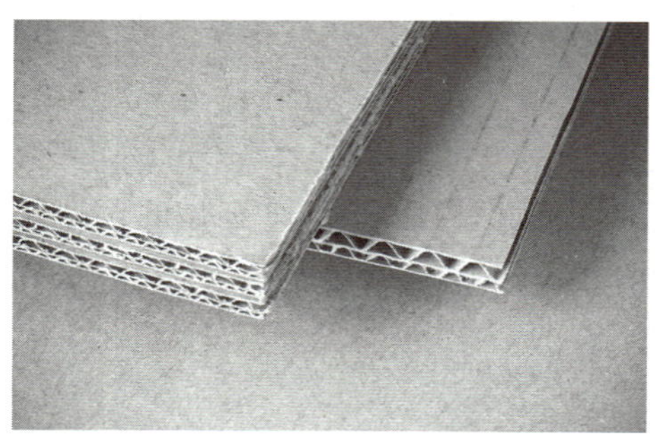

图 3-8　瓦楞纸板

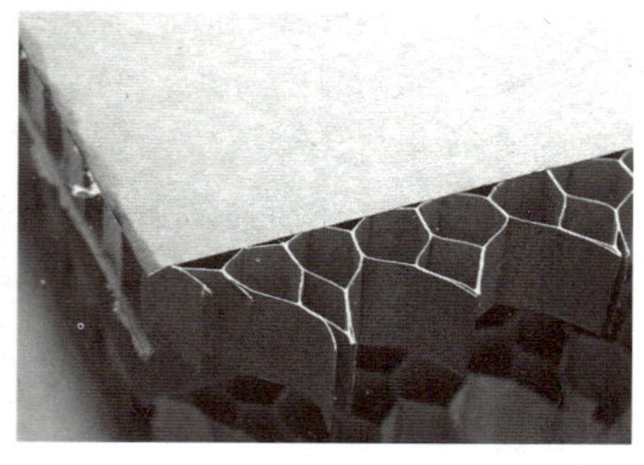

图 3-9　蜂窝纸板

2．纸包装材料的优缺点

纸包装材料具有以下优点：① 重量轻，占用空间小，价格低，能节约包装成本和运输成本；② 具有优良的折叠性和可塑性，便于采用各种加工方法，适应机械化、自动化生产，且便于印刷；③ 无毒，可反复使用，有助于保护环境、节约资源。

纸包装材料的缺点包括易破损，难封口，气密性、防潮性、透明性差等。这些缺点限制了纸包装材料的应用范围。

（二）塑料包装材料

塑料是指以合成的或天然的高分子化合物为主要成分，可在一定条件下塑化成型，且最后能保持形状不变的材料。目前，塑料已成为一种应用非常广泛的经济型包装材料，使用量逐年增加。

1．塑料包装材料的分类

按受热后性能变化的不同，塑料包装材料可分为以下两类：

（1）热塑性塑料：受热后会软化，可反复塑制，如聚乙烯、聚丙烯、聚苯乙烯、聚氯乙烯等。这类塑料可用于制作薄膜、气泡膜（见图 3-10）、编织袋（见图 3-11）等。

图 3-10 气泡膜

图 3-11 编织袋

（2）热固性塑料：受热后不会软化，不能反复塑制，如酚醛树脂、脲（niào）醛树脂等。这类塑料常用于制作塑料盒。

2．塑料包装材料的优缺点

塑料包装材料具有以下优点：① 具有一定的强度和弹性，耐摩擦、耐折叠、抗压、抗震、抗冲击，防潮、防水、气密性好；② 化学稳定性好，耐酸碱，不易氧化；③ 重量轻，成本低；④ 可塑性强，便于加工成不同形状。

塑料包装材料具有以下缺点：① 易老化；② 有异味；③ 易产生静电；④ 一些塑料助剂可能渗入内装物，影响内装物质量；⑤ 废弃物难处理，易污染环境。

创新之路

我国开发出乳品用高性能包装材料

2023 年，国家乳业技术创新中心开发出一种乳品用高性能包装材料，打破了国外技术垄断，解决了 PET（聚对苯二甲酸乙二醇酯，常用于食品包装）应用“卡脖子”的问题。

乳制品中含有不饱和脂肪酸、维生素 B 等物质，遇光会氧化、分解，影响乳制品的口感。为保证乳制品在常温条件下能够储存较长时间，不得不在 PET 包装中加入具有阻光、吸氧功能的材料，而这些材料主要依赖进口。因此，在保持产品风味和质量的前提下，提高产品的国际竞争力，成为国家乳业技术创新中心当前开展乳品包装研究的重中之重。

科研团队研究了上百种组合配方并总结规律，从众多材料中选定了一种最为理想的阻光改性树脂，能够达到很好的阻光效果。目前，项目成果已经逐步应用于 PET 标签和包装瓶制作。

资料来源：云艳芳：《乳品用高性能包装材料 打破国外技术垄断》，《呼和浩特日报》，2023 年 2 月 7 日

（三）金属包装材料

1．金属包装材料的分类

按硬度的不同，金属包装材料可分为以下两类：

（1）刚性金属材料：是指质地坚硬、不易变形的金属材料，如钢材。刚性金属材料主要用于制作钢桶（见图 3-12）、集装箱等。

（2）柔性金属材料：是指质地柔软、易变形的金属材料，如铝合金。柔性金属材料主要用于制作软管（如包装膏状化妆品的铝制软管）和金属箔（如铝箔袋，见图 3-13）。

图 3-12　钢桶

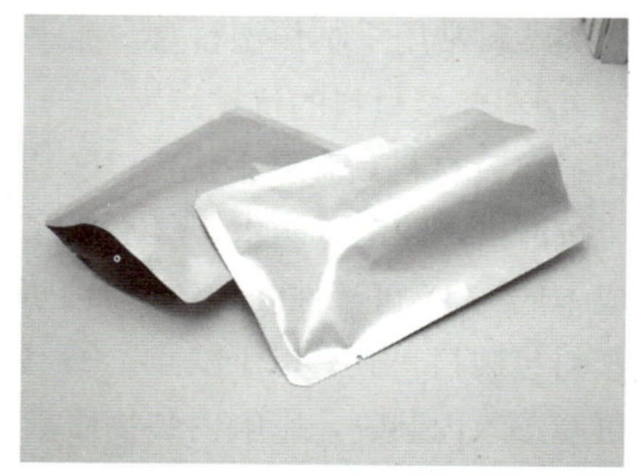

图 3-13　铝箔袋

2. 金属包装材料的优缺点

金属包装材料具有以下优点：① 牢固，耐冲击，能够有效保护内装物；② 密封性好，能够有效阻隔空气、水分和光线；③ 表面具有特殊光泽，便于印刷和装饰；④ 可重复使用。

金属包装材料具有以下缺点：① 成本较高；② 化学稳定性较差，耐腐蚀性不如塑料和玻璃包装材料。

知识拓展

新型金属材料

20世纪50年代以来，一些具有特殊功能的新型金属材料快速发展，主要有以下几类：

（1）非晶态金属：又称无定形金属或金属玻璃，是一种内部原子排列不规则的金属材料，一般具有较高的强度、良好的磁性和耐腐蚀性。

（2）超导合金：是指在一定的温度、磁场、电流条件下，具有超导性（即电阻和磁感应强度都突然变为零）的金属材料。

（3）发光材料：是指可吸收能量并将其转化成光辐射的金属材料。

（4）金属发汗材料：是指由高熔点金属和低熔点金属复合构成的一种特殊散热材料。在高温条件下，该材料中的低熔点金属会蒸发吸热，借以冷却材料表面。

（5）形状记忆合金：是指具有形状记忆功能的金属材料。该材料发生变形后，通过物理或化学刺激又能够恢复到初始形状。

（四）木质包装材料

1. 木质包装材料的分类

木质包装材料包括天然木材和人造板，常用于制造木箱、木托盘等。天然木材直接取自树木；人造板用木材和其他植物纤维加工而成，主要有胶合板（见图3-14）、纤维板、刨花板（见图3-15）、细木工板等。

图3-14　胶合板

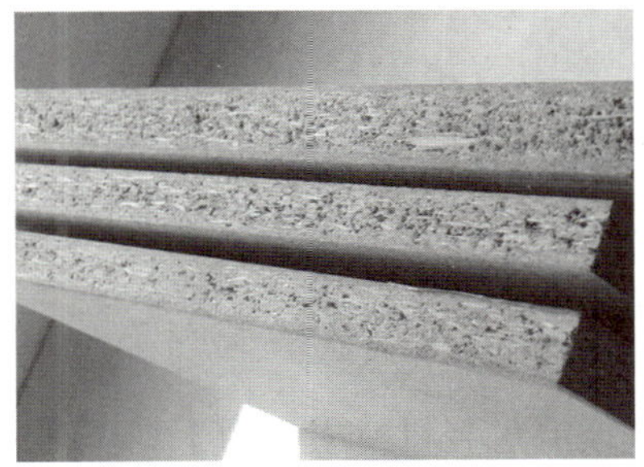

图3-15　刨花板

2. 木质包装材料的优缺点

木质包装材料具有以下优点：① 耐压、耐冲击、耐摩擦，可承受较大的堆码载荷；② 可重复使用。

木质包装材料具有以下缺点：① 易受温度、湿度的影响而变形或开裂；② 易燃烧；③ 易腐朽；④ 易携带有害生物，可能会对内装物和生态安全造成一定威胁；⑤ 在国际贸易中受到检验检疫制度限制，可能会影响通关速度。

知识拓展

有关进境货物木质包装检疫的规定

为规范进境货物木质包装检疫监督管理，防止林木有害生物随进境货物木质包装传入，保护我国森林、生态环境，便利货物进出境，海关总署制定了《进境货物木质包装检疫监督管理办法》（以下简称《办法》）。

《办法》所称木质包装是指用于承载、包装、铺垫、支撑、加固货物的木质材料，如木板箱、木条箱、木托盘、木框、木桶（盛装酒类的橡木桶除外）、木轴、木楔、垫木、枕木、衬木等，不包括经人工合成或经加热、加压等深度加工的包装用木质材料（如胶合板、刨花板、纤维板等），薄板旋切芯、锯屑、木丝、刨花等，以及厚度等于或小于 6 mm 的木质材料。

《办法》规定，进境货物使用木质包装的，应当在输出国家或地区政府检疫主管部门监督下按照国际植物保护公约（以下简称“IPPC”）的要求进行除害处理，并加施 IPPC 专用标识。除害处理方法和专用标识应当符合相关规定。

进境货物使用木质包装的，货主或其代理人应当向海关报检。海关按照以下情况处理：

（1）对已加施 IPPC 专用标识的木质包装，按规定抽查检疫，未发现活的有害生物的，立即予以放行；发现活的有害生物的，监督货主或其代理人对木质包装进行除害处理。

（2）对未加施 IPPC 专用标识的木质包装，在海关监督下对木质包装进行除害处理或销毁处理。

（3）对报检时不能确定木质包装是否加施 IPPC 专用标识的，海关按规定抽查检疫。经抽查确认木质包装加施了 IPPC 专用标识，且未发现活的有害生物的，予以放行；发现活的有害生物的，监督货主或其代理人对木质包装进行除害处理；经抽查发现木质包装未加施 IPPC 专用标识的，对木质包装进行除害处理或销毁处理。

（五）玻璃包装材料

玻璃包装材料主要用于制作食品包装容器。

玻璃包装材料具有以下优点：① 化学稳定性好，无毒无味，对内装物无不良影响；

② 密封性好，能够有效阻隔空气、水分和光线；③ 透明度高，便于观察内装物；④ 抗变形能力较强；⑤ 工艺性能优良，便于加工成不同形状；⑥ 温度耐受性好，既可经受高温杀菌，也可低温储藏；⑦ 可重复使用。

玻璃包装材料具有以下缺点：① 易破碎；② 加工时能耗大；③ 不便于印刷和装饰。

（六）复合包装材料

复合包装材料是指将两种或两种以上具有不同特性的材料通过各种方法结合起来制成的包装材料。常见的复合包装材料有纸/塑复合材料、塑/塑复合材料、铝/塑复合材料、纸/铝/塑复合材料等。

知识拓展

绿色包装

绿色包装是指满足包装功能要求的对人体健康和生态环境危害小、资源能源消耗少的包装。

根据环保等级的不同，绿色包装可分为 A 级和 AA 级。其中，A 级绿色包装是指废弃物能够循环复用、再生利用或降解腐化，包含的有毒物质在规定限量范围内的适度包装；AA 级绿色包装是指废弃物能够循环复用、再生利用或降解腐化，在整个生命周期中对人体和生态环境不造成公害，包含的有毒物质在规定限量范围内的适度包装。

二、包装容器

包装容器是指用于盛装货物的容器的总称，包括包装袋、包装盒、包装箱、包装瓶、包装罐等。

（一）包装袋

包装袋多用柔性包装材料制成，具有较强的柔韧性、耐磨性和较高的抗拉强度。常见的包装袋有集装袋、麻袋、布袋等，主要用于包装颗粒状或粉末状的固体货物。

（二）包装盒

包装盒多用介于柔性包装材料和刚性包装材料之间的包装材料制成。包装盒一般为规则的立方体，不易变形，容积较小，有开闭装置。

（三）包装箱

包装箱多用刚性包装材料或半刚性包装材料制成，强度较高，抗变形能力较强，结构类似于包装盒，但容积更大。常见的包装箱有瓦楞纸箱、木箱、塑料箱等。大多数轻型、小型货物宜使用纸箱包装，重型、大型机电设备往往使用木箱、钢箱或钢木结合的包装箱包装，塑料箱多用作周转箱。

知识拓展

部分包装箱的适用范围

下面根据国家标准《运输包装指南》（GB/T 36911—2018）列出了部分包装箱的适用范围，如表 3-1 所示。

表 3-1 部分包装箱的适用范围

类型	名称	适用范围
纸质类	瓦楞纸箱	单瓦楞纸箱内装物重量不大于 40 kg，最大综合尺寸（即长度、宽度和高度中数值最大的一项）为 2 m；双瓦楞纸箱内装物重量不大于 55 kg，最大综合尺寸为 2.5 m
	重型瓦楞纸箱	内装物重量大于 55 kg 或最大综合尺寸大于 2.5 m
	蜂窝纸板箱	可替代重型瓦楞纸箱或木箱
木质类	框架木箱（见图 3-16）	内装物重量为 500～4 000 kg，箱的外部长度不大于 12 m，宽度和高度不大于 5 m
	普通木箱	内装物重量不大于 200 kg，箱的内部长度、宽度、高度之和不大于 2.6 m 或体积不大于 1 m³
塑料类	塑料周转箱（见图 3-17）	内装物重量不大于 70 kg
金属类	钢箱	可替代木箱

图 3-16 框架木箱

图 3-17 塑料周转箱

（四）包装瓶

包装瓶多用刚性包装材料制成，强度较高，抗变形能力较强，顶部有开口，瓶颈小于瓶身，容积较小。常见的包装瓶有圆瓶、方瓶、异形瓶等，主要用于包装液体、颗粒状或粉末状的固体货物。

（五）包装罐

包装罐多用刚性包装材料制成，强度高，抗变形能力强，罐颈比罐身小或无罐颈，罐身各处横截面的大小大致相同。包装罐可分为小型包装罐（如易拉罐）、中型包装罐（如工业运输包装罐）和罐式集装箱（见图 3-18）三种，主要用于包装液体、颗粒状或粉末状的固体货物。

图 3-18　罐式集装箱

课堂活动

你还见过哪些包装容器？这些包装容器分别用于包装哪些货物？

三、包装技术

为保障货物在物流过程中完好无损，必须根据货物的类型、性质选择合适的包装技术。具体而言，货物包装技术主要有以下几种。

（一）防水包装技术

防水包装技术是指防止因水浸入包装件而影响内装物质量的包装技术。例如，用防水材料衬垫包装容器内侧，在包装容器外部涂刷防水材料等。

（二）防潮包装技术

防潮包装技术是指防止因潮气浸入包装件而影响内装物质量的包装技术。例如，使用防潮材料制作包装容器，在包装容器内加入适量干燥剂以吸收潮气，将密封包装容器抽真空等。

释疑解惑

干燥剂是指能够除去潮湿物质中的水分而且不会与该物质发生化学反应的物质。常用作干燥剂的物质有氧化钙、氢氧化钠、硅胶等。

（三）防霉包装技术

防霉包装技术是指防止内装物霉变的包装技术。例如，使用添加防霉药剂的包装材料制作包装容器等。

常用的防霉包装技术

（四）防锈包装技术

防锈包装技术是指防止内装物锈蚀的包装技术。例如，在内装物表面涂刷防锈油（脂），用防锈纸包装内装物等。

（五）缓冲包装技术

缓冲包装技术又称防震包装技术，是指在内装物周围放置能够吸收冲击能量或振动能量的缓冲材料或其他缓冲元件，以免内装物受损的包装技术。缓冲包装技术主要包括以下几种：

（1）压缩包装技术：用弹性材料（如橡胶、海绵等）填塞包装空隙（见图 3-19）或对内装物进行加固，以有效保护内装物。

（2）模盒包装技术：利用模型将聚苯乙烯树脂等材料制成与内装物形状一样的模盒（见图 3-20），然后用其包装货物，以起到防震作用。这种包装技术多用于包装轻型、小型货物，如鸡蛋等。

图 3-19　用弹性材料填塞包装空隙

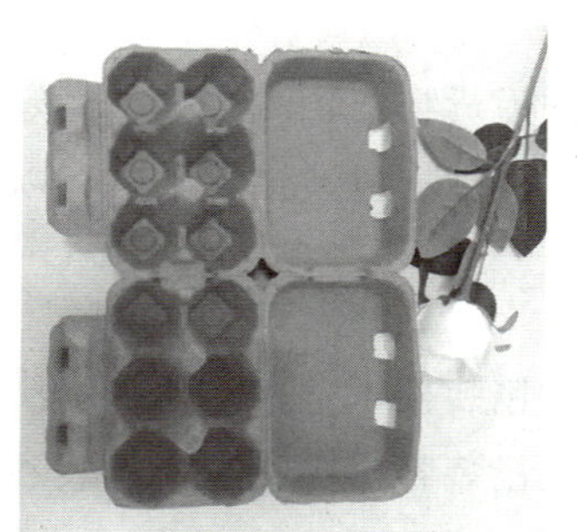

图 3-20　模盒

（3）悬浮式包装技术：选择坚固的包装容器，同时用弹簧、绳子、吊环等将内装物悬吊并固定在容器中心，使内装物不与容器内壁接触，以保护内装物。这种包装技术多用于包装贵重、易碎的货物。

（六）防虫包装技术

防虫包装技术是指防止内装物遭受虫害的包装技术。例如，在生产包装材料时加入杀虫剂，在包装容器中喷洒驱虫剂、杀虫剂或脱氧剂等。

课堂活动

近年来，薄膜与框架悬空结构（见图 3-21）逐渐应用于快件包装中。请问：这种结构应用了哪种包装技术？为什么？

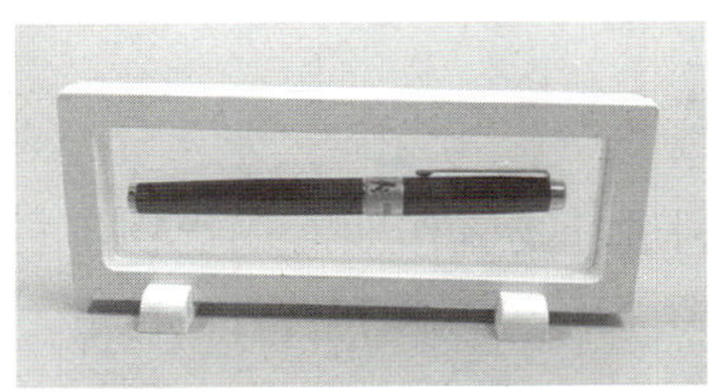

图 3-21　薄膜与框架悬空结构

同步实训

对货物进行合理包装

实训步骤

（1）全班学生自由分组，每组 3～5 人，并选出一名小组长。

（2）各小组准备 3 件不同类型的货物，查找相关资料，针对每件货物准备相应的包装容器及辅助物，并确定合适的包装技术。

（3）小组长使用本小组选择的包装容器对货物进行合理包装。

（4）老师对各小组的表现进行点评。

任务三　了解包装标志

任务导入

YR 物流公司从 A 港装运一批统一规格的箱装货物、袋装货物和捆装货物，拟将其运至 B 港。其中，箱装货物包装上有图 3-22 所示的标志。

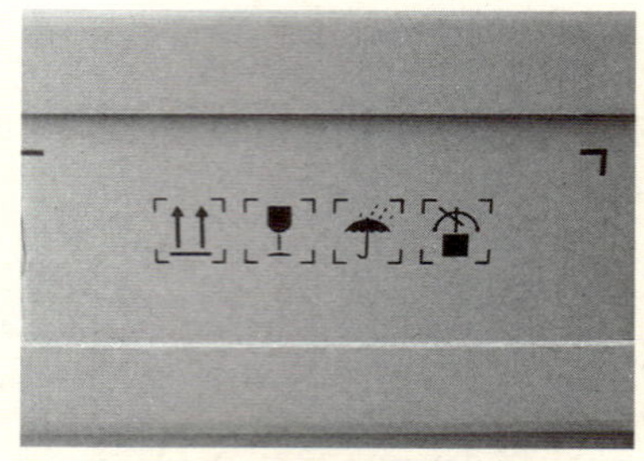

图 3-22 箱装货物上的包装标志

问题：

图 3-22 所示的包装标志分别表示什么含义？

包装标志是指为便于顺利进行物流作业而在货物包装上标明的记号。包装标志可分为运输标志、指示性标志和警告性标志。

包装标志

一、运输标志

运输标志又称唛（mài）头，是指标识在包装上的由简单图形和文字组成的标志。其主要作用是便于物流作业人员识别货物，以防错发、错运。根据国家标准《国际贸易用标准化运输标志》（GB/T 18131—2010），标准化运输标志由收货人名称的首字母缩写或简称、参考号、目的地、包装件号等 4 项内容按顺序组成，每项内容占一行，每行不超过 17 个字符。例如：

收货人名称的首字母缩写或简称——ABC

参考号——1234

目的地——MUMBAI

包装件号——1/25

释疑解惑

运输标志应简明清晰、易于辨认，印刷于包装外表的合适位置，且不加任何宣传性的图形或文字。

二、指示性标志

指示性标志又称操作标志，一般用简单、醒目的图形和文字表示，用来提示物流作业人员在操作时需要注意哪些事项。国家标准《包装储运图示标志》（GB/T 191—2008）中规定了 17 种指示性标志，如图 3-23 所示。

图 3-23　指示性标志

释疑解惑

指示性标志一般为黑色。若包装的颜色与标志的颜色相近，则应在印刷面上用适当的对比色。必要时，指示性标志也可使用其他颜色，除非另有规定，一般应避免使用红色、橙色或黄色，以免与警告性标志混淆。

三、警告性标志

警告性标志又称危险货物包装标志，是用来表示危险货物的理化性质和危险程度的标志。该标志主要用于提醒物流作业人员根据货物特性采取相应的防护措施，以保障人身安全与货物安全。

根据《危险货物包装标志》(GB 190—2009)，危险货物包装标志可分为标记和标签两大类。标记 4 个，如表 3-2 所示；标签 26 个，其图形分别标示了 9 类危险货物的主要特性，如表 3-3 所示。

表 3-2　危险货物标记

序号	标记名称	标记图形
1	危害环境物质和物品标记	(符号为黑色，底色为白色)
2	方向标记	(符号为黑色或正红色，底色为白色) (符号为黑色或正红色，底色为白色)
3	高温运输标记	(符号为正红色，底色为白色)

表 3-3　危险货物标签

序号	标签名称	标签图形	
1	爆炸性物质或物品	(符号为黑色，底色为橙红色)	(符号为黑色，底色为橙红色)

（续表）

序号	标签名称	标签图形
1	爆炸性物质或物品	 1.5 * 1（符号为黑色，底色为橙红色）  1.6 * 1（符号为黑色，底色为橙红色）
2	易燃气体	 2（符号为黑色或白色，底色为正红色）
	非易燃无毒气体	 2（符号为黑色或白色，底色为绿色）
	毒性气体	 2（符号为黑色，底色为白色）
3	易燃液体	 3（符号为黑色或白色，底色为正红色）
4	易燃固体	 4（符号为黑色，底色为白色红条）

（续表）

序号	标签名称	标签图形
4	易于自燃的物质	 （符号为黑色，底色为上白下红）
	遇水放出易燃气体的物质	 （符号为黑色或白色，底色为蓝色）
5	氧化性物质	 （符号为黑色，底色为柠檬黄色）
	有机过氧化物	 （符号为黑色或白色，底色为红色和柠檬黄色）
6	毒性物质	 （符号为黑色，底色为白色）
	感染性物质	 （符号为黑色，底色为白色）

（续表）

序号	标签名称	标签图形
7	一级放射性物质	 （符号为黑色，底色为白色，附一条红竖条）
	二级放射性物质	 （符号为黑色，底色为上黄下白，附两条红竖条）
	三级放射性物质	 （符号为黑色，底色为上黄下白，附三条红竖条）
	裂变性物质	 （符号为黑色，底色为白色）
8	腐蚀性物质	 （符号为黑色，底色为上白下黑）
9	杂项危险物质和物品	 （符号为黑色，底色为白色）

课堂活动

讨论以下货物的外包装上可能印有哪些包装标志：① 玻璃花瓶；② 服装；③ 塑料玩具；④ 食盐；⑤ 白磷；⑥ 浓硫酸。

同步实训

认识常见的包装标志

实训步骤

（1）全班学生自由分组，每组 3～5 人，并选出一名小组长。

（2）各小组搜集 5 个快件包装标志。

（3）小组长组织小组成员，讨论以下问题：① 每个包装标志分别属于哪种类型？表示什么含义？② 每个包装标志适用于哪些类型的货物？

（4）讨论结束后，小组长对本小组的讨论结果进行汇总、整理，然后制作成 PPT。

（5）小组长以 PPT 的形式展示本小组的实训成果。

（6）老师对各小组的表现进行点评。

学习成果自测

1. 填空题

（1）包装是指为在流通过程中______________、______________、______________，按一定技术方法而采用的容器、材料及辅助物等的总体名称。

（2）______________塑料可用于制作薄膜、气泡膜、编织袋等。

（3）______________是指将两种或两种以上具有不同特性的材料通过各种方法结合起来制成的包装材料。

（4）运输标志是指标识在包装上的由____________和__________组成的标志。

2. 单项选择题

（1）（　　）是指根据标准尺寸设计和制造的包装。

A. 单件包装　　B. 集合包装

C. 专用包装　　D. 通用包装

（2）玻璃纸属于（　　）。

A. 普通包装纸　　B. 专用包装纸

C. 特种包装纸　　D. 包装用纸板

（3）以下选项中，（　　）不属于塑料包装材料的优点。

A．可塑性强　　B．化学稳定性好

C．重量轻，成本低　　D．不易老化

（4）将密封包装容器抽真空的做法采用了（　　）包装技术。

A．防潮　　B．防霉

C．防锈　　D．缓冲

（5）指示性标志 [symbol] 表示（　　）。

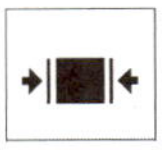

A．禁用手钩　　B．怕辐射

C．由此夹起　　D．此处不能卡夹

（6）高温运输标记 [symbol] 的符号为（　　），底色为白色。

A．正红色　　B．黑色

C．橙色　　D．绿色

3．多项选择题

（1）按大小的不同，包装可分为（　　）。

A．单件包装　　B．集合包装

C．一次性使用包装　　D．多次使用包装

（2）刚性金属材料主要用于制作（　　）等。

A．钢桶　　B．软管

C．集装箱　　D．金属箔

（3）木质包装材料的优点包括（　　）。

A．耐压、耐冲击、耐摩擦　　B．可重复使用

C．耐高温　　D．耐腐蚀

（4）（　　）主要用于包装液体、颗粒状或粉末状的固体货物。

A．包装箱　　B．包装瓶

C．包装罐　　D．包装盒

（5）缓冲包装技术主要包括（　　）。

A．压缩包装技术　　B．模盒包装技术

C．悬浮式包装技术　　D．真空包装技术

4．简答题

（1）简述包装的原则。

（2）简述纸包装材料的优缺点。

（3）简述玻璃包装材料的优缺点。

请进行学习成果评价，并将评价结果填入表 3-4 中。

表 3-4　学习成果评价表

评价项目	评价内容	分值	评价分数	
			自评	师评
知识（40%）	包装的作用和分类	5		
	包装的原则	3		
	包装材料	10		
	包装容器	5		
	包装技术	5		
	包装标志	12		
技能（40%）	能够对货物进行合理包装	20		
	能够识别并应用常见的包装标志	20		
素养（20%）	乐于学习，勤于学习，善于学习	5		
	具备团队精神，积极与人合作	5		
	严谨细致，精益求精	5		
	挖掘创新潜能，提高创新能力	5		
合计		100		
总评（自评×40%+师评×60%）			老师签名：	

项目四

货物储存与保管

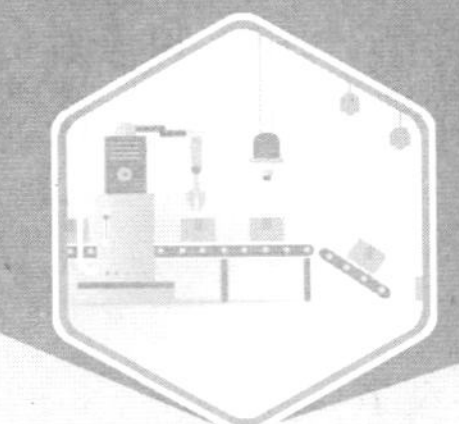

项目引言

随着商品经济的发展，储存活动的功能已不再局限于储存功能，还衍生出了保管功能、流通加工功能、运输中转功能等。物流作业人员应合理储存货物，掌握货物堆码、苫（shàn）垫、养护的方法，以确保货物在储存过程中数量不减、质量完好。本项目主要介绍货物储存、货物堆码与苫垫、货物养护的相关知识。

知识目标

- ✓ 熟悉仓库的分类，了解货物储存的重要性和要求。
- ✓ 掌握货物堆码的原则和方式，了解垛形的设计。
- ✓ 掌握货物苫盖的要求和方法、货物垫垛的要求和方式。
- ✓ 熟悉货物养护的基础性工作和货物养护的方法。

素质目标

- ✓ 学习货物储存的要求，培养精益求精的精神。
- ✓ 学习“智慧储粮，建设大国粮仓”案例，了解物流领域的先进技术，感受我国科技的发展速度，树立科技强国的意识。

任务一 了解货物储存

YR 物流公司拥有五座自营仓库和一座公共仓库，其中三座是库房，一座是货棚，两座是货场。三座库房中，两座用于储存货物，一座用于转运货物。

YR 物流公司制订了详细的货物储存制度，要求物流作业人员必须按规定将货物分区存放、正确堆码，并适时养护货物。

问题：

（1）什么是仓库？仓库可分为哪些类型？

（2）货物储存的要求有哪些？

一、仓库的分类

仓库是指用于储存、保管货物的建筑物和场所，是储存活动的主要载体。为储存类型繁多、规格各异的货物，具有不同用途、建筑结构、封闭程度的仓库应运而生。

（一）按用途分类

按用途的不同，仓库可分为以下几类：

（1）储存仓库：是指主要用于储存货物的仓库，如粮食仓库。

（2）加工仓库：是指用于储存货物并对货物进行简单加工的仓库，如农副产品加工仓库、工业品加工仓库等。

（3）转运仓库：是指在中转地储存待运货物的仓库。这种仓库主要为适应货物流通过程中的分运、组配和转换运输方式或运输工具等需要而设置，一般位于交通枢纽附近。

保税仓库的功能

（4）保税仓库：是指经海关批准设立的专门存放保税货物及其他未办结海关手续货物的仓库。保税仓库内的货物可以进行改装、分类或加工。如果货物改装、分类或加工后复运出口，则无须纳税；但如果进入国内市场，则视同进口，必须纳税。

释疑解惑

保税货物是指经海关批准未办理纳税手续进境，在境内储存、加工、装配后复运出境的货物。保税货物可分为加工贸易保税货物、仓储保税货物和区域保税货物。

（二）按建筑结构分类

按建筑结构的不同，仓库可分为以下几类：

（1）单层仓库：是指只有一层简单构造的仓库，如图 4-1 所示。这种仓库投资小，维修和货物出入库方便，但仓容利用率低，且储存成本较高，适合储存较重的货物。

（2）多层仓库：是指两层及以上且能够应用现代仓储技术的仓库。多层仓库的各层之间通过垂直运输机械或坡道相连，货物出入库多采用机械化或半机械化作业。这种仓库占地面积较小，仓容利用率较高。

（3）罐式仓库：是指外观呈柱形或球形的仓库，如图 4-2 所示。这种仓库通常用于储存石油、天然气、液体化学品等。

图 4-1　单层仓库

图 4-2　罐式仓库

（三）按封闭程度分类

按封闭程度的不同，仓库可分为以下几类：

（1）封闭式仓库：又称库房，是指有屋顶且四周完全封闭的仓库。这种仓库主要用于储存对保管要求较高的货物，如皮革、纺织品等。

（2）半封闭式仓库：又称货棚，是指上方有棚但四周未完全封闭的仓库，如图 4-3 所示。这种仓库建造成本较低，货物出入库方便，主要用于储存需防晒且不易散失的货物，如机械设备等。

（3）露天式仓库：又称货场，是指上方无遮挡物且四周完全未封闭的仓库，如图 4-4 所示。这种仓库装卸货物方便，储存成本最低，主要用于储存不怕风吹、日晒、雨淋的货物。储存于露天式仓库的货物，一般需使用油布等进行苫盖，以保障货物质量。

图 4-3　半封闭式仓库

图 4-4　露天式仓库

课堂活动

在库房、货棚和货场中，下列货物分别适合储存于哪里？

钢材　　服装　　水果　　谷物　　木材

（四）按储存货物分类

按储存货物的不同，仓库可分为以下两类：

（1）普通货物仓库：是指用于储存无特殊保管要求的货物的仓库。这种仓库主要用于储存日常生活用品、原料等货物。

（2）特殊货物仓库：是指用于储存有特殊保管要求的货物的仓库，如粮食仓库、危险货物仓库、冷库等。特殊货物仓库一般为专用仓库，应按照储存货物的性质和国家相关规定进行建设和管理。

（五）其他分类

（1）按建筑材料的不同，仓库可分为钢筋混凝土仓库、纯金属仓库和砖石仓库。

（2）按位置的不同，仓库可分为地上仓库和地下仓库。其中，地下仓库可以隔热、保温、抗震、防辐射等，但不利于通风、防潮和防火。

（3）按隶属关系的不同，仓库可分为自营仓库和公共仓库。前者是指由企业或其他各类组织自主经营和管理，为本组织提供货物储存服务的仓库；后者是指面向社会提供货物储存服务，并收取费用的仓库。

知识拓展

自动化立体仓库

自动化立体仓库是指由高层货架、巷道堆垛机、出入库输送机系统、自动化控制系统、计算机仓库管理系统及其他周边设备组成，可对集装单元货物实施机械化自动存取和控制作业的仓库，如图 4-5 所示。

图 4-5 自动化立体仓库

1. 自动化立体仓库的功能

（1）自动收货。自动化立体仓库在接收各种货物时，自动将货物信息输入计算机仓库管理系统并生成管理信息，再通过自动化控制系统进行货物入库作业。

（2）自动存货。自动化控制系统根据计算机仓库管理系统的指令，自动将货物存放到合适的位置。

（3）自动取货。自动化控制系统根据计算机仓库管理系统的指令，自动将货物从货架上取出。

（4）信息处理。计算机仓库管理系统自动处理货物入库和出库信息，供物流作业人员随时查询，并打印各种报表。

2. 自动化立体仓库的优点

（1）可提高仓容利用率。自动化立体仓库中的高层货架占地面积小，储存能力强。

（2）可降低劳动强度并提高作业效率。自动化立体仓库用机械化作业取代了大部分人工作业，能够大大降低物流作业人员的劳动强度，提高作业效率。

（3）可提高企业的管理水平。自动化立体仓库与现代物流管理系统相结合，能够使生产过程中各种原料的供应量和实际需求量达到平衡，从而减少库存积压和资金占用。此外，计算机仓库管理系统能够与生产环节的信息系统集成，方便企业及时、准确地掌握货物信息，从而提高决策能力。

二、货物储存的重要性

货物储存是货物在流通领域暂时存放的活动，其重要性体现在以下几个方面。

（一）储存是衔接生产活动的重要条件

储存作为货物在生产各环节中和各环节之间停留的方式，构成了衔接生产活动的重要条件。例如，在生产过程中，上一道工序与下一道工序之间一般存在时间间隔，在上一道工序生产出的半成品需要适当储存，待积累到一定数量之后再送至下一道工序，以保证生产活动的连续性。

（二）储存是保持货物原有使用价值的手段

企业在使用货物之前，需要依靠储存来保持货物原有的使用价值，即采取适当的保管和养护措施，防止货物的性质发生变化。例如，新鲜果蔬需要储存在冷库中，以抑制其呼吸作用，减少有机物的消耗，并抑制微生物的生长与繁殖，从而延长果蔬的保鲜时间。

（三）储存是平衡市场供求的工具

当市场中的货物供大于求时，可以借助储存减少货物供应量；当市场中的货物供不应求时，可以将仓库中的货物投放到市场。从这个角度看，储存发挥着“蓄水池”的作用，有助于调节市场供求关系，缓和买卖双方之间的供需矛盾。

三、货物储存的要求

在进行货物储存时，要满足定置管理、科学堆码、适时养护、账物相符的要求。

（一）定置管理

定置管理是指对生产现场的人、物、场所三者之间的关系进行科学研究，使三者达到最佳组合状态的一种科学管理方法。在货物储存领域，定置管理就是合理安排物流作业人员，按照分库、分区、分类原则，将不同货物存放于不同区域，使某一区域内货物的基本性质一致、养护措施一致，以便有针对性地保管货物。

（二）科学堆码

科学堆码是指根据货物的包装、形状、性质、重量和数量，以及储存环境、储存时间等，将货物整齐、规则地码成货垛的作业。科学堆码不仅有助于保障货物安全，还有助于充分利用仓容，提高储存效率。

（三）适时养护

在严格保管的前提下，对于储存时间较长和容易变质的货物，要适时采取有针对性的养护措施。例如，对金属制品进行除锈处理，并喷涂防锈油；对木材进行浸渍处理或喷涂防腐剂；对晒干的中药材定期进行重新堆码，以便通风散湿。

（四）账物相符

储存货物时，要保证账物相符，做好以下工作：① 制订标准作业流程，实现作业标准化，减少人为因素对账物一致的影响；② 建立完善的仓库管理信息系统，及时更新货物入库和出库信息，确保信息的准确性和实时性；③ 做好盘点工作，发现差错后及时予以纠正。

同步案例

A 物流公司的货物储存规定

A 物流公司规定，在货物储存过程中，仓库管理员要做好以下工作：

（1）及时登记各种货物的明细账，日清月结，做到账账相符、账物相符、账卡相符。

（2）每月月底对当月各种货物的信息予以汇总，并编制报表上报财务部。

（3）对储存货物进行旬点月盘，即每旬要看账点物，月末要盘点对账。若发现货物盈余、短少、残损或变质，必须查明原因，分清责任，及时撰写书面报告。

（4）根据各种货物的特性和仓库条件，将货物定置存放，以方便货物出入库和盘点作业。

（5）将易燃、易爆、易腐蚀的货物分开储存，并贴上明显的警告标识。

（6）对非货架储存货物进行堆码时，不可超高、压线、倒置、重压。在货垛间保留适当间隙，以确保仓库通道畅通。

（7）定期检查货物，并采取适当的养护措施，确保货物不破碎、不变形、不受潮、不挥发、不被腐蚀。

分析货物储存案例

实训步骤

（1）全班学生自由分组，每组 3～5 人，并选出一名小组长。

（2）小组长组织小组成员，搜集货物储存案例，将货物名称、储存情况（包括仓库类型、货区、货位等）和从案例中得到的启示填入表 4-1 中。

表 4-1　货物储存案例

货物名称	储存情况	启示

（3）老师对学生所填内容进行点评。

任务二 掌握货物堆码与苫垫

任务导入

图 4-6 纸箱装蜡烛

YR 物流公司的库房最近有多批货物入库，小张和几名同事负责对这些货物进行堆码与苫垫。在对一批纸箱装蜡烛（见图 4-6）进行堆码时，小张等人先用高约 0.1 m 的垫木进行垫垛，然后采用纵横交错式堆码方式，垛顶与照明灯的距离为 0.4 m。仓储运输部的刘主管看到货垛后发现了问题，指导小张等人重新堆码。

问题：

（1）小张等人的操作存在哪些问题？

（2）如何对货物进行合理堆码与苫垫？

货物验收入库时，物流作业人员根据仓库储存规划确定货位后，即应进行堆码、苫垫。正确地堆码、苫垫是保证储存货物质量合格的前提，是关系货物保管、养护质量的一项重要工作。

一、堆码的原则

在堆码的过程中，物流作业人员应严格遵循合理、牢固、定量、整齐、节约、方便的原则。

（一）合理

货物堆码的合理原则体现在以下几个方面：

（1）根据货物的性质、形状、规格等设计货垛，以减少货损。

（2）将不同货主、批次的货物分开堆码，留足“五距”。“五距”即垛距、墙距、柱距、顶距、灯距，具体如表 4-2 所示。

表 4-2 货物堆码的"五距"

名称	描述	作用	参考值
垛距	货垛与货垛之间的距离	通风、散热、方便存取作业和消防作业	不小于 1 m
墙距	货垛与墙壁之间的距离	通风、散热、保护建筑、方便存取作业和消防作业	不小于 0.5 m
柱距	货垛与屋柱之间的距离	通风、防潮、保护建筑	不小于 0.3 m
顶距	货垛的最高点与库房、货棚顶部横梁之间的距离	通风、散热、方便存取作业	不小于 0.3 m
灯距	货垛与照明灯之间的距离	防火	不小于 0.5 m

（3）货物大不压小、重不压轻，并确保先入库的货物能够先出库。

（4）每个货垛的占地面积不应大于 150 m^2，仓库内主通道的宽度不应小于 2 m。

（二）牢固

货垛稳固，不偏不斜，不晃动，不倒塌，必要时可使用衬垫物进行衬垫。

（三）定量

根据储存条件和货物特点确定货垛层数；使每个货垛的货物数量保持一致或呈固定比例递减，并尽量采用"五五化"堆码。

释疑解惑

"五五化"堆码是指将每个货垛的货物数量控制为五的倍数。采用"五五化"堆码，可提高堆码、盘点效率，减少作业差错，便于实现账物相符。

（四）整齐

货物堆码的整齐原则体现在以下几个方面：

（1）货垛上的每件货物都排列整齐，垛边无明显突出之处，垛不压线。

（2）货物包装标志统一朝向通道。

（3）如果将同一种货物堆成多个货垛，垛形、垛长、垛宽、垛高、垛距应保持统一。

（五）节约

货物堆码的节约原则体现在以下几个方面：

（1）妥善组织堆码作业，不浪费人力、物力、财力。

（2）尽可能堆高，减少少量货物占用一个货位的情况。

（六）方便

选用的垛形和堆码方式便于盘点、养护、装卸、搬运货物，便于开展仓库日常检查与消防等工作。

二、堆码的方式

货物的堆码方式主要由货物的性质、形状、包装，仓储设备，储存场所，储存季节，气候条件等决定。常见的货物堆码方式有以下几种。

（一）散堆方式

散堆方式适用于露天存放的、没有包装的散装货物（如煤炭、铁矿、黄沙等），也适用于仓库内少量存放的谷物、碎料等散装货物。

（二）堆垛方式

1. 重叠式

重叠式又称直叠式，是指将货物逐件、逐层向上码放的堆码方式，如图 4-7 所示。这种方式适用于厚钢板、集装箱等。

2. 纵横交错式

纵横交错式是指将货物一层纵放、一层横放，从而形成方形垛的堆码方式，如图 4-8 所示。这种方式适用于长度一致且长度是宽度整数倍的长条形货物，如木条、钢条等。

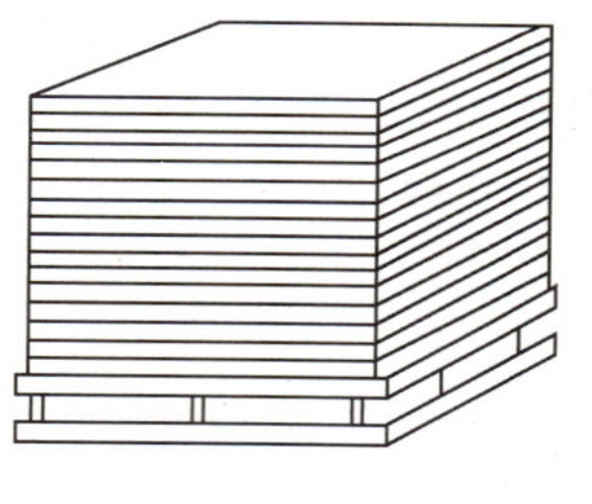

图 4-7　重叠式

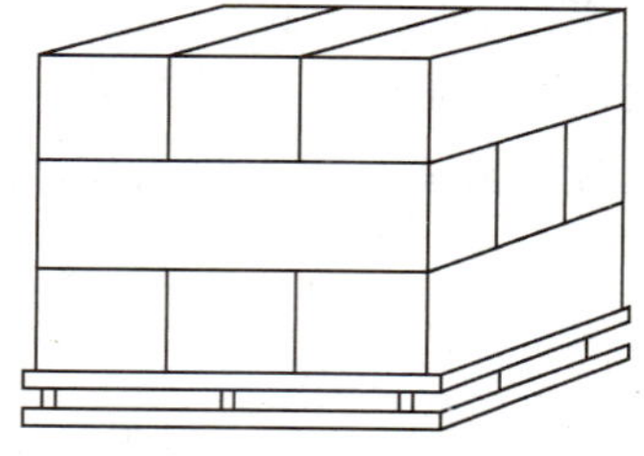

图 4-8　纵横交错式

3. 仰伏相间式

仰伏相间式是指将货物仰放一层，再伏放一层，使货物相扣的堆码方式，如图 4-9 所示。这种方式适用于上下两面大小不一或有凹凸差别的货物，如槽钢、角钢等。采用这种方式堆码的货垛稳定性较好，但堆码操作复杂，耗时较长。

4. 压缝式

压缝式是指将底层货物并排码放，然后逐层压缝码放（即将上层货物跨压在下层货物的缝隙之上）的堆码方式，如图 4-10 所示。这种方式适用于卷板、钢带等。

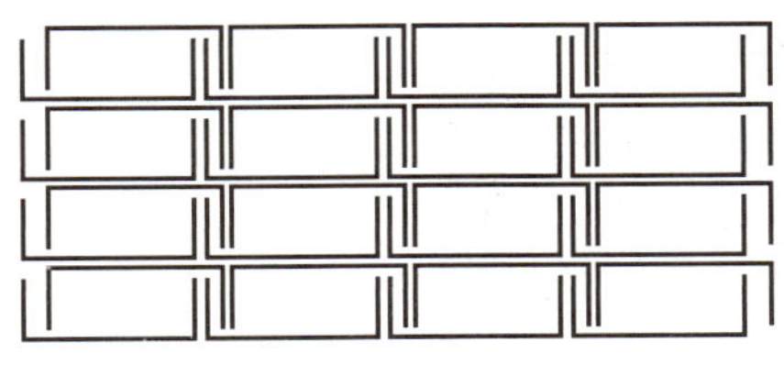

图 4-9　仰伏相间式

图 4-10　压缝式

5. 通风式

通风式是指在相邻的货物之间留出空隙，采用压缝式或纵横交错式堆码方式逐层向上码放货物的堆码方式，如图 4-11 所示。采用这种堆码方式，有助于货物通风、防潮，但空间利用率较低。

6. 栽柱式

栽柱式是指在码放货物前，先在货垛两侧栽上木桩或钢柱，然后将货物平铺在桩柱之间，每隔一层或数层用铁丝将两侧对应的桩柱拴连、拉紧，再逐层向上码放货物的堆码方式，如图 4-12 所示。这种方式适用于长条形货物，如钢管、原木等。

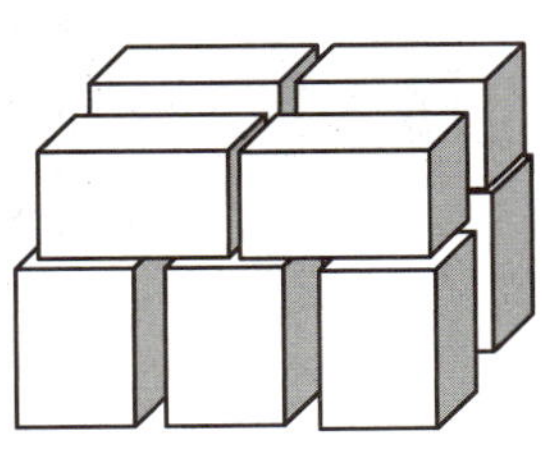

图 4-11　通风式

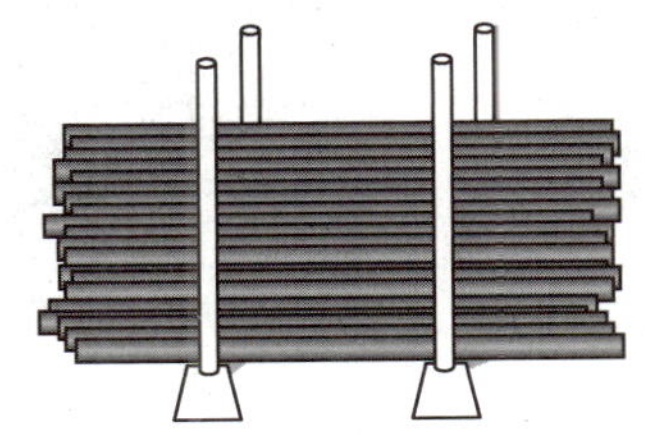

图 4-12　栽柱式

7. 衬垫式

衬垫式是指每隔一层或数层货物就铺放衬垫物，确认衬垫物平整、牢固后，再码放货物的堆码方式。这种方式适用于形状不规则且较重的货物，如水泵、电动机等。

8. 宝塔式

宝塔式与压缝式类似，但压缝式一般是在两件货物之上堆码，宝塔式是在多件货物的中心堆码，且码放面积逐层缩小。这种堆码方式适用于包装柔软、形状不规则的货物。采用这种堆码方式，既可保证货垛稳固，又有助于货物通风、散热。

（三）货架堆码方式

对于小件货物，类型、规格较多而数量较少的货物，包装简陋的货物，脆弱、易损坏、不便堆垛的货物，价值较高且需要经常盘点的货物，可将其存放于货架上，如图 4-13 所示。

图 4-13　存放于货架上的货物

课堂活动

请判断图 4-14 中的货物分别适合采用哪种堆码方式。

桶装油漆

成箱的瓶装啤酒

河砂

图 4-14　各种货物

三、垛形的设计

垛形是指货垛的外部轮廓形状，一般可分为矩形、三角形、梯形、半圆形以及由它们组成的复合形状（如矩形—三角形、矩形—梯形、矩形—半圆形等），如图 4-15 所示。不同形状的货垛具有不同的特点，适用于不同的货物。例如，矩形货垛具有整齐、便于清点、占地面积小等特点，适用于同规格的成组货物；梯形货垛具有稳固、易于清点等特点，适用于包装松软的袋装货物、横卧或直立的桶装货物等。堆码前，应根据货物的性质、包装等设计合适的垛形。

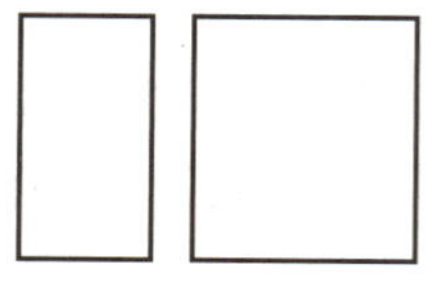

矩形

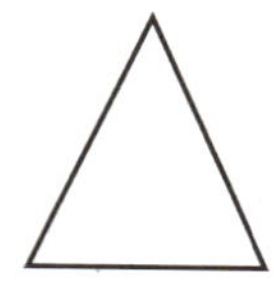

三角形

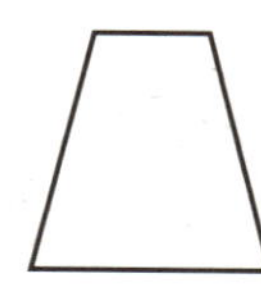

梯形

矩形—梯形

矩形—半圆形

图 4-15　垛形

四、货物的苫盖

苫盖是指用专用材料对货垛进行遮盖，避免或减少阳光、风、雨、雪、露、霜、尘等对货物的侵蚀，如图 4-16 所示。

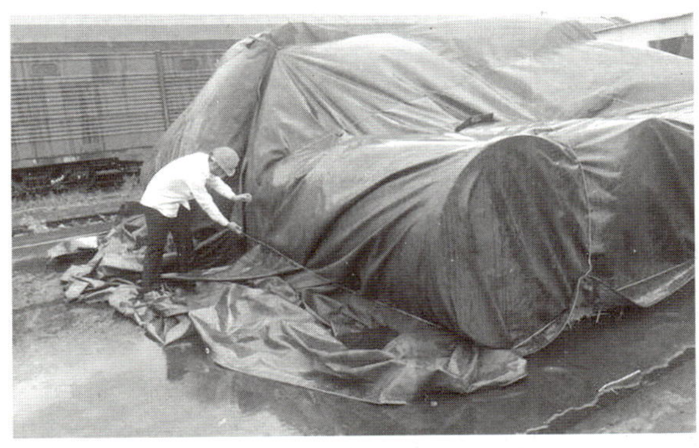

图 4-16 对货物进行苫盖

（一）苫盖要求

货物苫盖要求如下：① 选用的苫盖材料必须防火，不影响货物的质量，成本低廉，不易损坏；② 苫盖需严密、牢固，刮风不开，下雨不漏；③ 苫盖材料的底部应与垛底平齐。

常见的苫盖材料

（二）苫盖方法

货物苫盖方法主要有就垛苫盖法、鱼鳞式苫盖法、隔离苫盖法和活动棚架苫盖法等，如表 4-3 所示。

表 4-3 苫盖方法

方法	说明	特点
就垛苫盖法	将苫盖材料（一般指面积较大的帆布、油布、塑料薄膜等）直接盖在货垛上	操作方便，但不利于通风
鱼鳞式苫盖法	将苫盖材料（一般指面积较小的席子、苫布、瓦等）自下而上、呈鱼鳞状逐层交叠围盖货垛，如图 4-17（a）所示	利于通风，但操作较复杂
隔离苫盖法	用竹竿、钢管或特制的隔离板等在货垛四周与垛顶隔开一定空间，搭好框架后用苫盖材料进行苫盖，如图 4-17（b）所示	利于通风、排水
活动棚架苫盖法	将苫盖材料制成符合垛形的棚架，并在棚架下安装可推动的滑轮，然后将活动棚架推至货垛上方进行苫盖，如图 4-17（c）所示	操作方便，且利于通风，但活动棚架需占用仓库空间，且制作成本较高

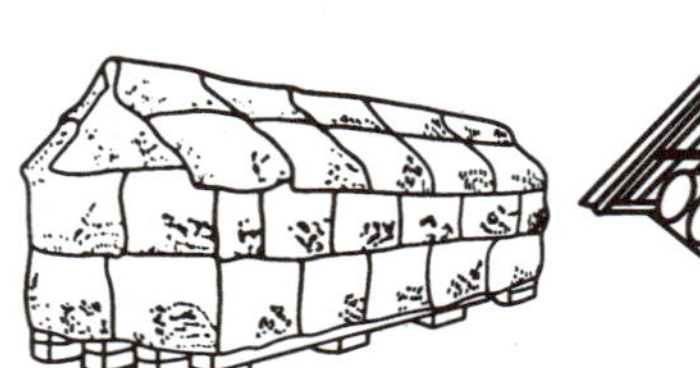
（a）鱼鳞式苫盖法

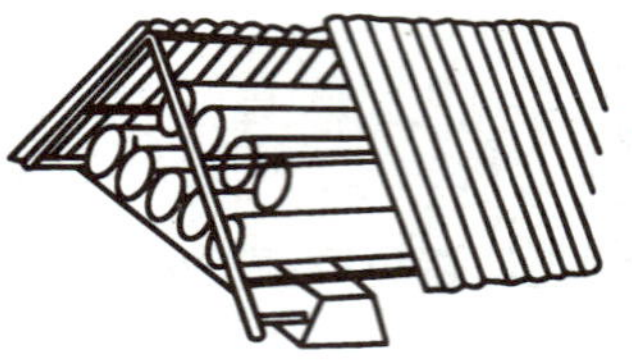
（b）隔离苫盖法

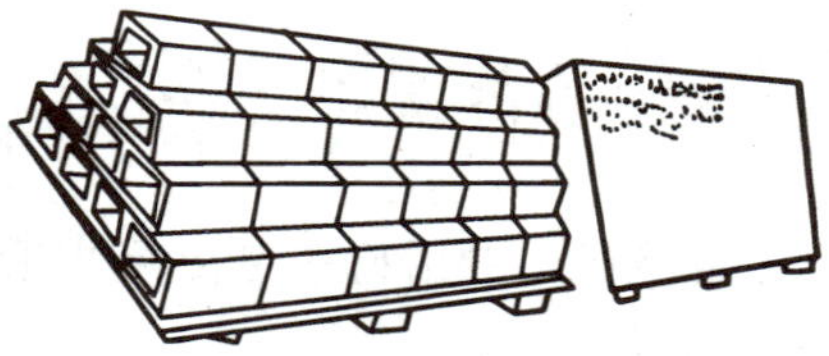
（c）活动棚架苫盖法

图 4-17　苫盖方法

五、货物的垫垛

垫垛是指在货物堆码之前，根据垛形和地面的负重能力，使用衬垫物对地面进行铺垫的活动。合理垫垛可使货物免受地面潮气的侵蚀，有助于提高货物的保管和养护质量。

（一）垫垛要求

（1）地面一定要平整，衬垫物要铺平放正，以防其承载重力后下沉、倾斜而造成货物损坏。

（2）垛底必须形成通风层，以利于货垛通风、排湿。

（3）衬垫物不会对货物产生不良影响且有足够的抗压强度。

（4）衬垫物要有足够的高度。在货棚、货场中使用的衬垫物，其高度应在 0.4 m 左右；在库房内使用的衬垫物，其高度应在 0.2 m 左右。

（5）直接接触货物的衬垫物的面积应与垛底的面积相同，衬垫物不得裸露在货垛外。

（二）垫垛方式

货物垫垛方式主要有以下几种：

（1）垫木式：将规格相同的若干枕木或垫石按垛底的面积和形状进行排列，以备垫垛。这种垫垛方式的优点是拼拆方便，适用于底层库房、货棚和货场。

（2）防潮纸式：将防潮纸铺设在垛底作为衬垫物，以备垫垛。这种垫垛方式适用于地面干燥的库房和对通风条件要求不高的货物。

（3）码架式：将若干码架拼在一起，使其与垛底面积、形状相同，以备垫垛。这种垫垛方式的优点是既防潮，又利于通风。

释疑解惑

码架是指以垫木为脚，上面钉着木条或木板的构架，专门用于垫垛。

同步实训

设计货物堆码与苫垫方案

实训步骤

（1）全班学生自由分组，每组 3～5 人，并选出一名小组长。

（2）小组长从原木、煤炭、黄沙、电动机、纸箱装瓷碗、卷板中选择 3 种货物，组织小组成员，结合本任务所讲知识为这些货物确定合适的仓库类型，并设计堆码与苫垫方案，将内容填入表 4-4 中。

表 4-4　货物堆码与苫垫方案

货物名称	适用的仓库类型	堆码方式	适用的垛形	苫盖方法	垫垛方式

（3）老师对学生所填内容进行点评。

任务三　熟悉货物养护

任务导入

某日，YR 物流公司仓储运输部的刘主管在仓库检查工作中发现，客户储存于公司库房的部分纸箱装饼干受潮，外包装变形并出现霉点。刘主管立即向仓库管理人员询问原因。原来，当地连续下了几场大雨，仓库管理人员未及时采取防潮措施，致使部分纸箱装饼干受潮。

次日，刘主管组织召开货物养护质量要求会议，反复强调了不同类型货物的养护方法，以保证储存货物的安全。

问题：

（1）什么是货物养护？

（2）货物养护的方法有哪些？

货物养护是指对货物进行保养和质量维护的过程。物流作业人员应熟悉货物养护的基础性工作和货物养护的方法，从而更加合理地养护货物。

一、货物养护的基础性工作

货物养护的基础性工作即控制仓库的温湿度，创造良好的货物储存环境。常用的控制温湿度的方法有通风、密封、降温、吸湿等，物流作业人员可根据仓库的具体情况选择合适的控制温湿度的方法。

（一）通风

通风是实现仓库内外空气交换的方法，不仅可以降温、驱潮，还可以排除仓库内的污浊空气和货物散发的有害气体。

通风的方式主要有自然通风和机械通风两种。自然通风是指利用仓库内外空气的压力差来实现仓库内外空气的交换，如通过打开仓库的门窗进行通风；机械通风是指利用通风机械产生的压力或吸引力来实现仓库内外空气的交换，如使用负压风机（见图 4-18）、工业大风扇（见图 4-19）等进行通风。

图 4-18　负压风机

图 4-19　工业大风扇

释疑解惑

在仓库内采取通风措施时，应注意以下事项：

（1）气温较高时，宜在晴天的凌晨或夜晚通风，不宜在雨天通风。

（2）仓库内湿度较高时，应在仓库外湿度低于仓库内湿度时通风。

（3）采用自然通风方式时，应注意防盗，并防止鼠类、害虫等进入仓库。

（4）将潮湿的仓库通风散潮后，应及时密封仓库，以免仓库内再次受潮。

（二）密封

密封是指利用不透气、能隔潮隔热的材料（如塑料薄膜、油毡、牛皮纸、防潮纸等）将货物严密地封闭在一定空间内，使之与周围空气隔离，以防止或减弱自然因素对货物造成的不良影响。密封通常具有防潮、防尘、防虫、防冻等作用。

密封的方式主要有整库密封、小室密封、货垛密封、货架密封、货箱密封和单件密封等。

释疑解惑

密封货物时，应注意以下事项：

（1）密封材料必须干燥、清洁、无异味。

（2）密封前应做好货物的检查工作。若发现有质量问题和含水量超标的货物，则不宜密封。

（3）密封工作应在仓库内湿度较低时进行。

（4）密封应与通风、吸湿相结合。

（5）密封后还应不断地观察货物的变化情况。

（三）降温

降温是指降低货物和仓库内的温度。常用的降温措施有以下几种：

（1）避免货物受到阳光直射，或缩短货物的日照时间。

（2）向仓库地面洒水。

（3）在货垛内或货垛旁放置冰块或干冰。

对储存货物进行降温时的注意事项

（四）吸湿

吸湿是指降低货物和仓库内的湿度。常用的吸湿方法有以下几种：

（1）冷却法：降低货物或仓库内的温度，使货物周围的水汽凝结。

（2）压缩法：用压缩式除湿机增加仓库内的水汽压（即空气中水汽的压强），使之超过饱和点，将空气中的过饱和水汽凝结成水滴，然后将其分离出去。

（3）吸附法：用生石灰、木炭、炉灰、吸湿剂等吸附空气中的水汽。

二、货物养护的方法

在储存过程中，货物性质发生变化的形式多种多样，对应的养护方法也多种多样。此处主要介绍防霉腐、防锈蚀、防老化和防治虫害的方法。

(一) 防霉腐的方法

霉腐是指货物在霉腐微生物的作用下发生霉变、腐烂等质量变化的现象。常用的防霉腐方法有以下几种。

1. 低温防霉腐

低温防霉腐是指利用低温条件抑制食品中霉腐微生物的繁殖和酶的活性，延缓食品中的水分蒸发速度和化学成分变化速度的养护方法。采用这种方法不仅能达到防霉腐的目的，而且能防止食品干耗，从而较好地保持食品原有的新鲜度、风味和营养价值。

释疑解惑

干耗是指冻结食品在冻藏过程中发生温度变化，造成水蒸气压差，出现冰结晶的升华作用，从而引起表面干燥、重量减少的现象。

根据食品是否冻结，低温防霉腐方法可分为冷藏与冻藏。

1）冷藏

冷藏是指将食品冷却到食品水分冰点以上至 8℃左右的短期保藏法，普遍用于各种农产品的储存。在冷藏状态下，食品一般不会结冰，能较好地保持风味，引起食品变质的嗜温性微生物也难以繁殖，但是食品中的酶仍然保持较强的活性，嗜冷性微生物仍然能繁殖，因此食品冷藏时间不宜过长。

含水量较高的食品如果冷藏，可能出现干耗现象，导致其质量降低。因此，在冷藏含水量较高的食品时，应保持仓库内的相对湿度较高，并降低空气流速，以减慢食品干耗速度。

释疑解惑

部分产自热带、亚热带的水果和蔬菜不耐低温，在 10℃以下储存会遭受冷害。因此在冷藏这些食品时，要合理控制温度。例如，香蕉的储存温度应控制在 11～16℃。

2）冻藏

冻藏是指将食品储存在−18℃以下的环境中，使食品中 90%以上的水分冻结的长期保藏法，普遍用于冻肉、冰蛋、冻蔬菜、冷冻饮品等的储存。大多数食品在冻藏条件下能储存 1 年左右。

但是，冻藏易引起食品中的蛋白质变性，加上解冻时汁液会流失，从而影响食品的风味和营养价值。

2. 气相防霉腐

气相防霉腐是指利用气相防霉腐剂挥发产生的气体抑制霉腐微生物繁殖或杀死霉腐微生物，从而达到防霉腐目的的养护方法。这种方法常用于工业品的防霉腐。

常用的气相防霉腐剂有多聚甲醛、环氧乙烷等，一般在封闭的库房或大型塑料薄膜罩内使用，以达到理想的防霉腐效果。在使用气相防霉腐剂时，应注意安全，严防具有毒性的挥发性气体对人体造成伤害。

3. 气调防霉腐

气调防霉腐是指依据嗜氧性微生物需氧代谢的特性，通过调节密封环境中气体的成分、降低氧气浓度来抑制嗜氧性微生物的生理活动，并降低酶的活性和食品的呼吸强度，从而达到防霉腐目的的养护方法。

4. 药剂防霉腐

药剂防霉腐是指使用防霉腐药剂破坏霉腐微生物的细胞或抑制其新陈代谢活动，从而达到防霉腐目的的养护方法。在选择防霉腐药剂时，不仅应考虑药剂的防霉腐效果，还应考虑药剂对人体健康和环境的影响。

5. 辐射防霉腐

辐射防霉腐是指利用穿透性极强的射线照射货物，杀灭货物中的霉腐微生物，抑制酶的活性，从而达到防霉腐目的的养护方法。这种方法主要用于食品、皮革制品（见图 4-20）、中药材等的防霉腐。

图 4-20　皮革制品

（二）防锈蚀的方法

锈蚀是指金属与合金在空气中由于受到氧气、水分及其他物质的影响而腐蚀的现象。锈蚀可分为全面锈蚀和局部锈蚀。前者发生在货物的整个表面，可以是各处锈蚀程度相同的均匀锈蚀，也可以是各处锈蚀程度不同的非均匀锈蚀；后者主要发生在货物表面的某个区域，包括孔蚀、缝隙锈蚀等多种形态，会使货物局部快速损坏，最终使货物失去使用价值，因此局部锈蚀通常比全面锈蚀危害更大。

为避免货物锈蚀，物流作业人员在仓库日常管理过程中应创造良好的储存环境，并有针对性地采用以下防锈蚀方法。

1. 涂油防锈

涂油防锈是指在货物表面涂刷一层防锈油，使货物与外界环境隔离而免于锈蚀的养护方法。按性能和用途的不同，防锈油可分为溶剂稀释型防锈油、润滑油型防锈油、除指纹型防锈油、脂型防锈油和气相防锈油。为增强防锈油的耐热性和附着力，可在防锈油中添加一些石蜡、松香等。涂油前，必须清除货物表面的污垢；涂油后，宜将货物包装封存。

涂油防锈简单易行，效果较好，但是随着时间的推移，防锈油脂薄膜会逐渐脱落，货物仍然可能锈蚀。因此，必须定期对涂油货物进行检查；若发现问题，则应及时补涂防锈油或采取其他养护措施。

2. 气相防锈

气相防锈是指利用气相缓蚀剂挥发产生的缓蚀气体，使货物与外界环境隔离而免于锈蚀的养护方法。气相缓蚀剂在常温条件下能持续缓慢地汽化，挥发产生的缓蚀气体能吸附在货物表面，形成稳定的保护膜，从而有效防止氧气、水分等腐蚀货物。

气相防锈具有操作方便、干净卫生、防锈期长、应用范围广的优点，尤其适用于结构复杂的货物。

3. 可剥性塑料封存防锈

可剥性塑料封存防锈是指以高分子合成树脂为基础原料，加入增塑剂、缓蚀剂、稳定剂、防腐剂等，加热溶解后制成塑料液体，将其喷涂于货物表面后，形成一层可以剥离的塑料薄膜，从而使货物与外界环境隔离而免于锈蚀的养护方法。

可剥性塑料封存防锈具有防锈期长、对货物影响小的优点，但操作复杂，成本较高。

（三）防老化的方法

老化是指橡胶、塑料等在光、热、空气、机械力等的作用下变得黏软或硬脆的现象。在货物储存过程中，防止货物老化的方法有以下几种：

（1）使用不透光的材料苫盖货物，避免货物受到阳光直射，保持仓库清洁、干燥、凉爽。

（2）正确设计垛形，控制堆码层数，避免货物受重压，适时重新堆码。

（3）将橡胶、塑料等易老化的货物与具有腐蚀性的货物分开储存。

课堂活动

判断以下货物养护方法是否合理。如果不合理，请说出合理的养护方法。

（1）将棉麻织物、丝织物、毛织物等置于室外晒干，然后放入库房储存。

（2）将用透明塑料桶盛装的花生油、大豆油储存于有阳光直射的地方，以确保其不受潮。

（3）定期在刀具上涂抹机油，并检查其是否生锈。

（4）将润滑油、油毡等货物密封并用塑料薄膜苫盖，然后将其储存于阴凉处。

（四）防治虫害的方法

货物在长期储存过程中，常常会遭受虫害。害虫不仅会破坏货物的组织结构，使货物出现孔洞甚至破碎，有的还会吐丝结茧，排泄各种代谢废物，从而污染货物，降低其质量。此外，害虫还会蛀蚀货物包装，甚至蛀蚀仓库墙体、地面、门窗等。

害虫通常具有较强的繁殖能力，有的一年可繁殖数代，部分害虫能适应恶劣环境，耐热，耐寒，耐饥。一旦在仓库内发现害虫，往往意味着仓库内的部分货物已经遭受虫害。因此，仓库虫害防治工作必须贯彻“以防为主、防治结合”的方针。在仓库日常管理过程中，物流作业人员可以采用物理防治、化学防治和生物防治方法防治虫害。

1．物理防治

物理防治是指利用简单工具和各种物理因素（如光、电、热、超声波、远红外线、微波等）破坏害虫的生理机能，使其不能生存或抑制其繁殖的方法。常用的物理防治方法如表 4-5 所示。

表 4-5　常用的物理防治方法

方法	说明
灯光诱集	利用害虫的趋光性，在仓库内安装诱虫灯（见图 4-21）。夜晚开灯时，趋光而来的害虫随气流被吸入预先安置的毒瓶（瓶内盛装有少许氰化钠或氰化钾）中，最终中毒而死 图 4-21　诱虫灯
高温杀虫	将仓库内温度升高（如将粮食仓库内的温度升至 50℃以上），害虫的生理活动会受到抑制，繁殖率下降，随后害虫会进入热麻痹状态，直至死亡
低温杀虫	将货物温度降低（如将粮温降至−10℃以下），害虫的生理活动会受到抑制，繁殖率下降，随后害虫会进入冷麻痹状态，直至死亡
电离辐射杀虫	用 X 射线、伽马射线等杀伤害虫，使其不育
微波杀虫	在能够产生高频电磁场的微波的作用下，害虫体内的水分、脂肪等物质会激烈地震荡，进而产生大量的热。当害虫的体温升至一定温度时，害虫将会死亡

2．化学防治

化学防治是指使用化学药剂直接或间接杀灭害虫的方法，具体可分为以下两类：

（1）毒饵诱杀法：是指选择害虫喜爱的麦麸、米糠、油饼等，在其中加入适量的杀虫剂制成毒饵诱杀害虫的方法。

（2）熏蒸法：是指使用熏蒸剂对货物进行熏蒸，进而杀灭害虫的方法。熏蒸剂是指在常温下容易挥发产生毒气或能够通过化学反应产生毒气的液体、固体，如磷化铝、樟脑等。熏蒸法应用范围较广，可用于防治潜伏在仓库内的多种害虫。但是部分害虫具有抗药性，需要结合其他方法进行防治。

知识拓展

抗药性害虫

抗药性害虫是指原来对某种杀虫剂敏感，但经此种杀虫剂作用一定时间后，对其产生抵抗力的害虫。据不完全统计，抗药性害虫已经超过400种。抗药性目前已成为化学防治害虫中的一个突出问题。为加强化学防治害虫的效果，可采取以下措施：

（1）换用药物：根据害虫对某种杀虫剂产生抗药性的情况，换用其他杀虫剂。

（2）轮用药物：在了解害虫抗药性的基础上，轮番使用几种杀虫剂。

（3）混用药物：使用两种或以上能够单独杀虫的药物的混合制剂。

3．生物防治

生物防治是指利用害虫的天敌杀灭害虫的方法。这种方法基本不会对环境造成污染，是一种具有广阔发展前景的防治虫害的方法。

科技之光

智慧储粮，建设大国粮仓

近年来，濮阳皇甫国家粮食储备库积极引进绿色储粮技术，用智慧粮仓牢牢稳住了实现农业丰收、粮食安全的“压舱石”。

濮阳皇甫国家粮食储备库共有20个高大平房仓用来储存小麦，粮食储备仓容量达20万吨。每个粮仓外都配置有智能化控制系统，粮仓内配置有高清可视探头和337个感应器，可对粮堆内的温度、湿度、虫害、气体含量等进行实时监测，并将数据同步上传到智慧粮仓管理系统平台上，遇到异常情况就会及时发出预警，提醒人员提前进行干预。整个粮库区域还设有专门的气象站，可实时监测降水量、风向、风速、气温、大气压等，真正实现了粮食储存看得见、管得住。

除能大大减少对人工的依赖外，智慧储粮还能保证人们吃到绿色健康的粮食。濮阳皇甫国家粮食储备库采取控温储粮、氮气储粮等措施，营造恒温、恒湿环境，抑制害虫繁殖，在防止粮食霉变、遭受虫害的同时，还能最大限度地“锁住”粮食的营养成分，确保每一粒粮食新鲜，从而实现了科技储粮、绿色储粮。

“手中有粮，心中不慌。”传统粮仓向智慧粮仓转变，大大提高了我国的粮食仓储能力，为守住百姓粮袋、端稳群众饭碗、促进农业发展增添了更足的底气和信心。

资料来源：刘善华，王振兴，王宇：《新粮“入住”智慧粮仓 粮食安全有保障》，濮阳新闻网，2022 年 6 月 14 日

设计货物养护方案

实训步骤

（1）全班学生自由分组，每组 3～5 人，并选出一名小组长。

（2）小组长组织小组成员，结合本任务所讲知识，针对表 4-6 中的货物设计养护方案。

表 4-6　货物养护方案

货物名称	养护重点	养护方法
石灰石		
生羊皮		
橡胶		

（3）老师对学生所填内容进行点评。

学习成果自测

1．填空题

（1）仓库是指用于储存、____________货物的建筑物和____________。

（2）按建筑材料的不同，仓库可分为____________、纯金属仓库和____________。

（3）____________是指将货物仰放一层，再伏放一层，使货物相扣的堆码方式。

（4）在货棚、货场中使用的衬垫物，其高度应在____________m 左右；在库房内使用的衬垫物，其高度应在____________m 左右。

（5）通风的方式主要有____________和____________两种。

2．单项选择题

（1）露天式仓库又称（　　），主要用于储存不怕风吹、日晒、雨淋的货物。

A．货站　　B．货棚

C．货场　　D．库房

（2）（　　）货垛具有整齐、便于清点、占地面积小等特点。

A．梯形　　B．矩形

C．矩形—梯形　　D．三角形

（3）以下苫盖方法中，（　　）利于通风，且操作方便。

A．隔离苫盖法　　B．就垛苫盖法

C．活动棚架苫盖法　　D．鱼鳞式苫盖法

（4）冻藏是指将食品储存在（　　）以下的环境中，使食品中（　　）以上的水分冻结的长期保藏法。

A．−18℃　95%　　B．−20℃　95%

C．−20℃　90%　　D．−18℃　90%

3．多项选择题

（1）按用途的不同，仓库可分为（　　）。

A．储存仓库　　B．加工仓库

C．转运仓库　　D．保税仓库

（2）货物堆码的“五距”即垛距、顶距、（　　）。

A．底距　　B．墙距

C．柱距　　D．灯距

（3）常用的吸湿方法有（　　）。

A．冷却法　　B．吸附法

C．隔离法　　D．压缩法

4. 简答题

（1）简述货物储存的重要性。

（2）简述货物储存的要求。

（3）简述货物堆码的原则。

（4）简述货物苫盖的要求。

（5）简述防止货物老化的方法。

（6）常用的物理防治虫害的方法有哪些？

请进行学习成果评价，并将评价结果填入表 4-7 中。

表 4-7　学习成果评价表

评价项目	评价内容	分值	评价分数	
			自评	师评
知识（40%）	仓库的分类	5		
	货物储存的重要性和要求	5		
	货物堆码与苫垫的相关知识	15		
	货物养护的基础性工作和方法	15		
技能（40%）	能够对货物进行合理堆码	10		
	能够合理设计垛形	5		
	能够对货物进行合理苫盖和垫垛	10		
	能够合理养护货物	15		
素养（20%）	乐于学习，勤于学习，善于学习	5		
	具备团队精神，积极与人合作	5		
	严谨细致，精益求精	5		
	挖掘创新潜能，提高创新能力	5		
合计		100		
总评（自评×40%+师评×60%）			老师签名：	

项目五 普通货物

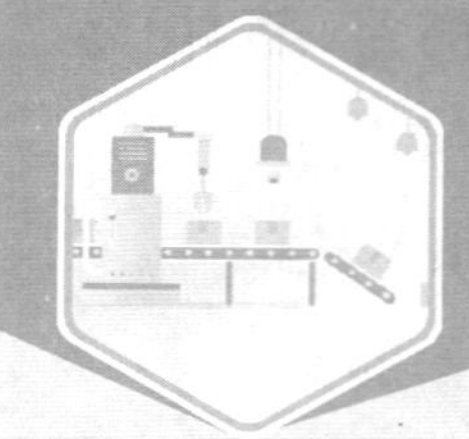

项目引言

普通货物是物流领域中最常见的一类货物，包括食品类普通货物、工业制品类普通货物和其他普通货物。学会区分普通货物，并了解这些货物的性质，是合理开展包装、运输、储存等物流活动的前提。本项目主要介绍食品类普通货物、工业制品类普通货物，以及棉花、生皮、纺织品、橡胶等其他普通货物的相关知识。

知识目标

✓ 熟悉酒、茶叶、食糖的分类和性质，掌握其包装、运输与储存要求。

✓ 熟悉金属及其制品、玻璃及其制品、塑料及其制品、化肥、水泥的分类和性质，掌握其包装、运输与储存要求。

✓ 了解棉花、生皮、纺织品、橡胶的分类和性质，掌握其包装、运输与储存要求。

素质目标

✓ 学习各类普通货物的性质和包装、运输与储存要求，学会具体问题具体分析。

✓ 学习“我国自主研发出高性能橡胶”案例，体会创新是引领发展的第一动力，践行创新理念，弘扬创新精神。

任务一　熟悉食品类普通货物

任务导入

小张所在的YR物流公司有一座用于储存食品类普通货物的库房。该库房位于郊区，配备有良好的排水、通风和控温设施，库房温度常年低于35℃，并有专人定期除虫、灭鼠。

库房的货架上放有各种食品类普通货物，其中酒、茶叶、食糖较多，这三种货物分别储存于不同的库区，且距离较远。

问题：

（1）酒、茶叶、食糖分别具有哪些性质？

（2）为什么要将酒、茶叶、食糖储存于不同的库区？

一、酒

酒是指用高粱、大麦、米等粮食或葡萄等水果发酵制成的饮料。

（一）酒的分类

酒的类型繁多，分类方法各异。按原料和生产工艺的不同，酒可分为以下几类。

1. 白酒

白酒是指以粮谷为主要原料，以大曲、小曲、麸曲、酶制剂及酵母等为糖化发酵剂，经蒸煮、糖化、发酵、蒸馏、陈酿、勾调而成的蒸馏酒。

2. 啤酒

啤酒是指以麦芽、水为主要原料，加啤酒花（见图5-1）（包括啤酒花制品），经酵母发酵酿制而成的、含有二氧化碳并可形成泡沫的发酵酒。

图5-1　啤酒花

3. 葡萄酒

葡萄酒是指以葡萄或葡萄汁为原料，经发酵或部分发酵酿制而成的、具有一定酒精度的发酵酒。

释疑解惑

酒精度是指20℃条件下，每100 mL的酒中含有的酒精量，单位为%vol。

4．黄酒

黄酒是指以稻米、黍米、小米、玉米、小麦、水等为主要原料，经加曲、酵母等糖化发酵剂酿制而成的发酵酒。

5．果酒

果酒可分为发酵型果酒和配制型果酒。前者是指以水果或果汁（浆）为主要原料，经发酵或部分发酵酿制而成的、具有一定酒精度的发酵酒；后者是指以发酵酒、蒸馏酒、食用酒精等为酒基，加入水果进行浸泡和（或）直接加入果汁，可添加食品添加剂，经调配、加工而成的配制酒。

（二）酒的性质

不同类型的酒具有不同的性质。总体而言，酒具有以下共性。

1．可燃性

酒精是酒的重要成分之一，属于易燃液体，这使得酒具有可燃性。一般而言，酒精度越高，酒越易燃烧。

2．易挥发

酒精在常温条件下即可挥发，酒中的酒精挥发后，酒的质量会明显降低。

3．散发气味

酒精具有特殊的香气和刺激性气味，因此酒一般会散发气味。例如，一级清香型白酒具有粮香、曲香、果香、花香、芳草香、醇香、糟香等多种香气形成的复合香。

（三）酒的包装

1．白酒的包装

（1）选用合格的包装材料。

（2）确保包装容器清洁、封装严密。

（3）包装容器内宜有防震、防碰撞的间隔材料，并符合相应标准。

2．啤酒的包装

（1）对于瓶装啤酒和听装啤酒，应使用符合《运输包装用单瓦楞纸箱和双瓦楞纸箱》（GB/T 6543—2008）有关要求的瓦楞纸箱或符合《瓶装酒、饮料塑料周转箱》（GB/T 5738—1995）有关要求的塑料周转箱作为包装容器，或者使用软塑整体包装。

（2）对于桶装啤酒，应使用符合《啤酒桶质量通则》（GB/T 17714—2022）有关要求的啤酒桶（见图5-2）作为包装容器。

（3）将包装容器封装严密，不得有漏气、漏酒现象。

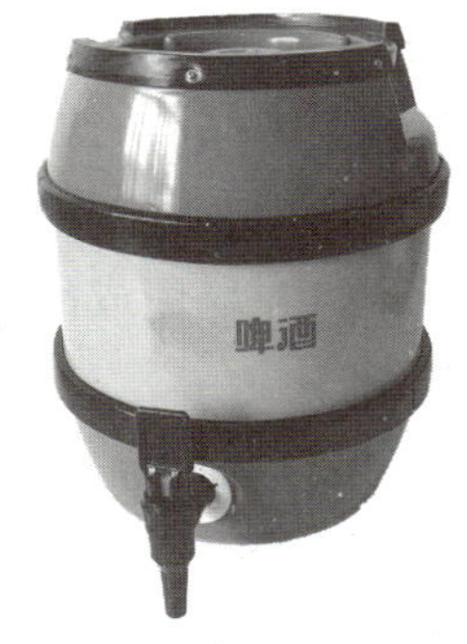

图 5-2 啤酒桶

3．葡萄酒的包装

（1）选用符合食品安全要求的包装材料。

（2）确保包装容器清洁、封装严密。

（3）当使用纸箱作为包装容器时，纸箱上除应标明产品名称、制造者（经销商）的名称和地址、净含量、产地等信息外，还应标有小心轻放、防冻、防潮、防火等字样和标志。

4．黄酒的包装

（1）选用符合食品安全要求的包装材料。

（2）确保包装容器清洁、封装严密。

（3）当使用纸箱作为包装容器时，应确保其符合《运输包装用单瓦楞纸箱和双瓦楞纸箱》（GB/T 6543—2008）的有关要求，并将其封装、捆扎牢固。

5．果酒的包装

果酒的包装与葡萄酒基本一致。

（四）酒的运输与储存

1．白酒的运输与储存

运输与储存白酒的原酒和成品酒的要求有所不同，以下分别介绍。

1）原酒的运输与储存

白酒原酒是指经发酵、蒸馏而得到的未经勾兑的酒。运输与储存原酒时，应满足以下要求：

（1）使用无衬里的不锈钢罐车运输原酒，在罐车上配备不少于两个与载运介质相适的灭火器或有效的灭火装置，并加封注入口和排出口。在运输过程中，应用篷布遮盖，避免原酒受到强烈震荡、日晒、雨淋，防止冰冻；还应确保罐体的关闭和封闭装置不漏气或漏液。

（2）储存原酒时，宜根据产品特点选择用陶土、藤条、木材或金属等制作的容器，并确保其符合食品接触材料的相关要求。

（3）将原酒储存于阴凉、干燥、清洁的库房中，严防日晒、雨淋，严禁火种；在周围定警戒区，设置明显的警告标识，配备充足、有效的消防设施或器材（见图5-3）；对进入储存场所的机动车辆采取防火措施。

图 5-3 消防设施或器材

（4）不得将原酒与有毒、有腐蚀性的货物混储。

2）成品酒的运输与储存

运输与储存成品酒时，应满足以下要求：

（1）避免成品酒受到强烈震荡、日晒、雨淋，防止冰冻；装卸搬运成品酒时，应轻拿轻放。

（2）将成品酒储存于阴凉、干燥、通风、清洁的库房中，使储存温度保持在10～25℃；将包装容器严密封口并朝上存放，以防止漏酒。

（3）不得将成品酒与有毒、有害、有腐蚀性、有污染性的货物和火种混运、混储。

（4）不得使成品酒与潮湿的地方直接接触。

2. 啤酒的运输与储存

（1）装卸搬运啤酒时，应轻拿轻放，不得扔摔、撞击和挤压。

（2）不得将啤酒与有毒、有害、有腐蚀性、易挥发、有异味的货物混装、混运、混储。

（3）宜在5～25℃的环境中运输与储存啤酒。低于或高于此温度范围时，应采取相应的防冻或防热措施。

（4）将啤酒储存于阴凉、干燥、通风的库房中；不得露天堆放啤酒，严防日晒、雨淋；不得使啤酒与潮湿的地方直接接触。

3. 葡萄酒的运输与储存

（1）对于用软木塞（或替代品）封装的葡萄酒，在运输与储存时应将其“倒放”或“卧放”，如图5-4所示。

图5-4　葡萄酒“卧放”

释疑解惑

> “倒放”或“卧放”用软木塞封装的葡萄酒，可以起到以下作用：① 让软木塞中的酚类物质溶解到酒液中，使酒液吸收软木塞的香味；② 让酒液浸湿软木塞，防止软木塞内部孔隙变大后导致空气进入酒瓶，进而使葡萄酒变质。

（2）运输葡萄酒时，应保持其清洁，避免其受到强烈震荡、日晒、雨淋，防止冰冻；

装卸搬运葡萄酒时，应轻拿轻放。

（3）保持储存场所阴凉、干燥、通风，严防日晒、雨淋，严禁火种。

（4）不得使葡萄酒与潮湿的地方直接接触，不得将葡萄酒与有毒、有害、有腐蚀性、有异味的货物混运、混储。

（5）使运输温度保持在5～35℃，储存温度保持在5～25℃。

同步案例

未严格控制储运温度致葡萄酒菌落总数不合格

某市场监督管理局网站发布的食品安全监督抽检结果显示，S食品经营部销售的葡萄酒的菌落总数不符合《食品安全国家标准 发酵酒及其配制酒》（GB 2758—2012）的规定。

经查，涉案葡萄酒的标称生产单位K葡萄酿酒有限公司在该批葡萄酒出厂检验合格后，将其储存于未严格控制温湿度的成品仓库中待售，其间仓库温度超过25℃，最高温度达到30℃，使得微生物迅速繁殖。此外，在天气炎热的情况下（最高气温达到37℃），该公司使用厢体内部未采取控温措施的货车，历经2小时将涉案葡萄酒运送到S食品经营部，造成微生物在运输途中进一步繁殖，最终导致该批葡萄酒的菌落总数超标。

4. 黄酒的运输与储存

（1）保持运输工具清洁、干燥。

（2）装卸搬运黄酒时，应轻拿轻放，不得扔摔、撞击和挤压。

（3）运输过程中不得使黄酒受到日晒、雨淋。

（4）不得将黄酒与有毒、有害、有腐蚀性、易挥发、有异味的货物混装、混运、混储。

（5）将黄酒储存于阴凉、干燥、通风的库房中；不得露天堆放黄酒，避免日晒、雨淋或靠近热源；接触地面的外包装底部应垫有100 mm以上的衬垫物。

（6）使储存温度保持在5～35℃。

5. 果酒的运输与储存

果酒的运输与储存要求与葡萄酒基本一致。

课堂活动

判断下列做法是否合理。如果不合理，请说明合理的做法。

（1）A物流公司将一批黄酒储存于温度低于0℃的库房中。

（2）B物流公司将一批桶装葡萄酒储存于有阳光直射的库房中。

（3）C物流公司在运输一批白酒原酒时，将其用篷布遮盖严密。

（4）D物流公司将一批果酒与一批干冰混装、混运。

二、茶叶

茶叶是指以鲜叶为原料，采用特定工艺加工的、不含任何添加物的、供人们饮用或食用的产品。

（一）茶叶的分类

根据国家标准《茶叶分类》(GB/T 30766—2014)，以加工工艺、特性为主，结合茶树品种、鲜叶原料、生产地域，茶叶可分为以下几类。

1. 绿茶

绿茶以鲜叶为原料，经杀青、揉捻、干燥等加工工艺制成，可分为炒青绿茶、烘青绿茶、晒青绿茶和蒸青绿茶。

2. 红茶

红茶以鲜叶为原料，经萎凋、揉捻（切）、发酵、干燥等加工工艺制成，可分为红碎茶、工夫红茶和小种红茶。

3. 黄茶

黄茶以鲜叶为原料，经杀青、揉捻、闷黄、干燥等加工工艺制成，可分为芽型、芽叶型和多叶型三类。

4. 白茶

白茶以特定茶树品种的鲜叶为原料，经萎凋、干燥等加工工艺制成，可分为芽型、芽叶型和多叶型三类。

图 5-5　乌龙茶

5. 乌龙茶

乌龙茶（见图 5-5）以特定茶树品种的鲜叶为原料，经萎凋、做青、杀青、揉捻、干燥等加工工艺制成，可分为闽南乌龙茶、闽北乌龙茶、广东乌龙茶、台式乌龙茶和其他乌龙茶。

6. 黑茶

黑茶以鲜叶为原料，经杀青、揉捻、渥堆、干燥等加工工艺制成，可分为湖南黑茶、四川黑茶、湖北黑茶、广西黑茶、云南黑茶和其他黑茶。

7. 再加工茶

再加工茶以茶叶为原料，采用特定加工工艺制成，可分为花茶、紧压茶、袋泡茶和粉茶。

知识拓展

茶叶的加工工艺

茶叶的加工工艺有萎凋、做青、杀青、发酵、闷黄、揉捻、渥堆等，具体含义如下：

（1）萎凋：是指将鲜叶在一定的温湿度条件下均匀摊放，使其萎焉、散发水分的过程。

（2）做青：是指在机械力作用下，鲜叶叶缘部分受损伤，促使其内含的多酚类物质部分氧化、聚合，形成绿叶红边的过程。

（3）杀青：是指采用一定温度，使鲜叶中的酶失去活性（或称使鲜叶中的酶钝化）的过程。

（4）发酵：是指在一定的温湿度条件下，鲜叶内含物发生以多酚类物质酶促氧化为主体的，形成叶红变的过程。

（5）闷黄：是指将杀青、揉捻或初烘后的鲜叶趁热堆积，使其在湿热作用下逐渐黄变的过程。

（6）揉捻：是指在外力作用下，将茶叶卷缩成需要的各种形状的过程。

（7）渥堆：是指在一定的温湿度条件下，通过堆积茶叶促使其内含物缓慢变化的过程。

（二）茶叶的性质

1. 吸湿性

茶叶疏松多孔，且含有许多亲水性成分（如蛋白质、茶多酚等），因此具有较强的吸湿性。

2. 吸味性

茶叶呈多孔性组织结构，且含有棕榈酸、萜（tiē）烯类物质，这些物质性质活泼，使茶叶具有较强的吸味性。茶叶吸收异味后，其质量会受到严重影响。

3. 怕热性

茶叶受热后会散失水分，变得干燥易碎，香气变淡甚至消失，颜色改变，质量受到严重影响。

4. 陈化性

茶叶的质量一般会随着储存时间的延长而逐渐下降，特别是在不适宜的储存条件下，茶叶会出现色泽灰暗、香气变淡甚至消失、汤色浑浊等现象，这种现象称为茶叶的陈化。储存环境温湿度过高、日照时间过长、包装密封性差等，都会导致茶叶陈化。

（三）茶叶的包装

（1）可使用纸箱、木箱、布袋、麻袋、塑料编织袋等作为茶叶的包装容器。

（2）包装容器应具有保护茶叶固有形态、抗压的功能，从而便于装卸、运输。

（3）包装容器应清洁、干燥、无毒、无异味、无破损。不得使用含有聚氯乙烯、荧光涂料等有毒物质的包装容器，不得使用用油墨印刷的纸张和盛装过其他物品的包装袋包装茶叶。用重复使用的布袋包装茶叶前，应将其清洗干净。

（四）茶叶的运输

（1）在装运茶叶前，应将运输工具清理干净，必要时进行清洗、灭菌、消毒。

（2）运输工具的衬垫物、遮盖物等应清洁、无毒、无害。

（3）不得将茶叶与化肥、农药和其他任何有毒、有害、有异味的货物混运。

（4）运输过程中应防止茶叶受到雨淋，且应轻装轻卸，防止茶叶受到强烈挤压和震荡，不得损坏包装件。

（五）茶叶的储存

1．入库

茶叶入库前，物流作业人员应确保仓库满足以下要求：

（1）清洁、干燥、无异味，远离污染源。

（2）有防潮、控温、防火、防鼠、防虫、防尘设施，具有良好的避光性和封闭性。

释疑解惑

储存黑茶和紧压茶的仓库应具有通风功能。

茶叶入库时，物流作业人员应做到以下几点：

（1）确保茶叶有相应的记录（如类型、等级、数量、产地、生产日期等）和标识。

（2）确保茶叶分类、分区存放，防止相互串味。

（3）确保入库的包装件牢固、完整、防潮，无破损、无污染、无异味。

2．堆码

（1）以安全、平稳、方便、节约面积和利于防火为原则。

（2）可根据包装材料和包装形式选择不同的堆码方式。

（3）分等级、分批次堆码，不得靠柱，墙距不小于 200 mm。

（4）合理垫垛，垫垛高度不小于 150 mm。

3．库检

物流作业人员每月应对仓库中的茶叶进行 1 次检查，高温、多雨季节应不少于 2 次。检查内容一般有以下几项：

（1）茶垛底层和表面含水量的变化情况。

（2）包装件是否出现串味、污损、发霉及其他感官质量问题。

（3）茶垛里层有无发热现象。

（4）仓库内的温湿度、通风情况。

4．温湿度控制

为保证茶叶的质量，仓库内的温湿度应符合以下要求：

（1）绿茶和黄茶的储存温度应控制在 10℃以下，相对湿度应控制在 50%以下。

（2）红茶、白茶、乌龙茶和花茶的储存温度应控制在 25℃以下，相对湿度应控制在 50%以下。

（3）黑茶和紧压茶的储存温度应控制在 25℃以下，相对湿度应控制在 70%以下。

释疑解惑

对于文火烘干的乌龙茶，储存温度宜控制在 10℃以下。

三、食糖

食糖是指以蔗糖为主要成分的可食用的糖。除供人们直接食用外，食糖还是食品工业的重要原料或辅料。

（一）食糖的分类

根据国家标准《食糖分类》（GB/T 35886—2018），按主要加工工艺、质量和风味的不同，食糖可分为表 5-1 中所示的几类。

表 5-1　食糖的分类

类型		说明
白砂糖类	白砂糖	甘蔗汁、甜菜汁或原糖液经清净处理后，再经浓缩、结晶、分蜜、干燥所制成的洁白蔗糖结晶
	精幼砂糖	原糖或其他蔗糖溶液经精炼处理后制成的颗粒较小的糖
赤砂糖		甘蔗汁或原糖液经清净处理后，再经浓缩、结晶、分蜜、干燥所制成的棕红色或黄褐色的带蜜砂糖，是工业化生产白砂糖的副产品
绵白糖		将晶粒较细的白砂糖与适量的转化糖浆均匀混合而制成的糖
原糖		甘蔗汁经清净、煮炼、分蜜而制成的带有糖蜜的蔗糖结晶
方糖		粒度适中的白砂糖类加入少量水或糖浆后，经压（或铸）制而成的呈方块状的糖
红糖		以甘蔗为原料，经提取糖汁、清净处理后，直接煮炼不经分蜜而制成的金黄色或红褐色的糖
冰片糖		以冰糖蜜或砂糖蜜加砂糖为原料加工而成的片状糖制品

（续表）

类型		说明
冰糖类	单晶体冰糖	砂糖经再溶、清净处理、重结晶而制成的单一晶体的大颗粒冰糖（每粒重约 1.5～2 g），如图 5-6 所示
	多晶体冰糖	由多颗单晶体冰糖并聚而成的大块冰糖（见图 5-7），包括白冰糖和黄冰糖两种
其他糖类	液体糖	以甘蔗、甜菜为原料的半成品或成品，经加工或转化工艺制成的液体糖
	其他糖	包括但不限于糖霜、姜汁（粉）红糖等

图 5-6　单晶体冰糖

图 5-7　多晶体冰糖

（二）食糖的性质

1. 吸湿性

在相同的温度条件下，食糖含水量越高，吸湿性就越强。固体食糖吸湿后易潮解溶化，这是食糖在物流过程中出现货损的主要原因。

2. 吸味性

食糖极易吸收异味。吸味后的食糖滋味不正，质量降低。

3. 结块性

食糖容易结块，尤其是晶粒较细、含水量较高的食糖更易结块。食糖结块的原因如下：

（1）干燥结块。当食糖的储存环境过于干燥时，晶粒表面糖液中的水分会逐渐散失，导致晶粒粘连在一起，形成糖块。

（2）压实结块。在储存过程中，食糖堆码过高或较长时间不翻垛，会造成压实结块。

（3）受热或受冻结块。环境温度过高，食糖会因热熔而结块；环境温度过低，食糖会因受冻而结块。

4. 可燃性

食糖的燃点较高，一般不易燃烧。但在闷热、潮湿的条件下，食糖可能会因发酵而产生酒精蒸气，遇火星即可燃烧。

（三）食糖的包装

（1）选用具有良好的防潮性能的包装材料，以防食糖受潮。

（2）可使用聚丙烯塑料编制袋、泡沫箱、纸箱等作为食糖的包装容器。确保包装容器干净，以免食糖受到污染。

（3）在包装食糖时，仔细检查包装容器，确保其平整、光滑、无突出物，以免刺破食糖的内包装。

（四）食糖的运输

（1）确保运输工具清洁、干燥，配备有防晒、防雨设备，符合相关卫生要求。用船舶运输时，应在食糖下方铺垫防潮物。

（2）不得将食糖与有毒、有害、有异味、有污染性的货物混运。

（五）食糖的储存

（1）将食糖储存于库房中。库房地面应干净、平整、耐摩擦、耐冲击、不起砂；使用垫木、垫板、石条等作为衬垫物，衬垫高度不低于 10 cm。

案例分析——储存食糖如何预防虫害和鼠害

（2）采取防虫、防鼠措施。

（3）不得将食糖与有毒、有害、有腐蚀性、易挥发、有异味的货物混储。

（4）采取有效措施控制库房内的温湿度。当库房内温度在 30℃以下（不含）时，相对湿度不得高于 70%；当库房内温度在 30℃以上（含）时，相对湿度不得高于 65%；库房内最高温度不得超过 38℃。

（5）确保垛距不小于 1 m，墙距不小于 0.8 m，柱距不小于 0.3 m，顶距不小于 0.5 m，灯距不小于 0.5 m。

（6）确保每个糖垛的占地面积不超过 100 m^2，库房内主通道的宽度不小于 2 m。

分享食品类普通货物知识

实训步骤

（1）全班学生自由分组，每组 3～5 人，并选出一名小组长。

（2）小组长选择一种本任务未涉及的食品类普通货物（如面粉、食盐、蜂蜜、罐头等），组织小组成员搜集相关资料，将货物的名称、类型、性质、包装要求、运输要求、储存要求等内容填入表 5-2 中。

表 5-2　食品类普通货物知识

货物名称	类型	性质	包装要求	运输要求	储存要求

（3）老师对学生所填内容进行点评。

任务二　熟悉工业制品类普通货物

任务导入

某日，YR 物流公司有一批钢管、一批平板玻璃和一批塑料玩具入库。其中，钢管两端使用塑料捆扎带捆扎，平板玻璃使用框架木箱包装，塑料玩具使用纸箱包装。

问题：

上述货物分别应如何运输、储存？

一、金属及其制品

金属是指富有特殊光泽、不透明，具有良好的导电性、导热性、延展性的物质。金属制品是指以金属为原料，经再加工制成的产品。

（一）金属及其制品的分类

1．金属的分类

1）按组成分类

按组成的不同，金属可分为以下两类：

（1）纯金属：是指由一种金属元素组成的物质。目前已知的纯金属有数十种，但大规模使用的较少。

（2）合金：是指由两种及以上化学组分（通常至少有一种组分为金属元素）组成的物质，包括二元合金、三元合金和多元合金。合金的结构和性质与各组分的浓度以及它们

之间的相互作用有关。

2）按颜色分类

按颜色的不同，金属可分为以下两类：

（1）黑色金属：通常指铁、锰、铬及其合金，主要指钢铁和合金钢。实际上，纯铁和纯铬为银白色，纯锰为银灰色，但钢铁表面常覆盖一层黑色的四氧化三铁，铬和锰在合金钢冶炼中应用较多，因此都被称为黑色金属。

（2）有色金属：是指黑色金属以外的所有金属，分为重金属、轻金属、贵金属、稀有金属四类。制造金属制品所用的有色金属中，以铜、铅、锡、铝、锌及其合金应用最为广泛。

2．金属制品的分类

金属制品类型繁多，按用途的不同，可分为日用金属制品（如金属厨具，见图 5-8）、建筑用金属制品、电器用金属制品、汽车工业用金属制品（见图 5-9）等。

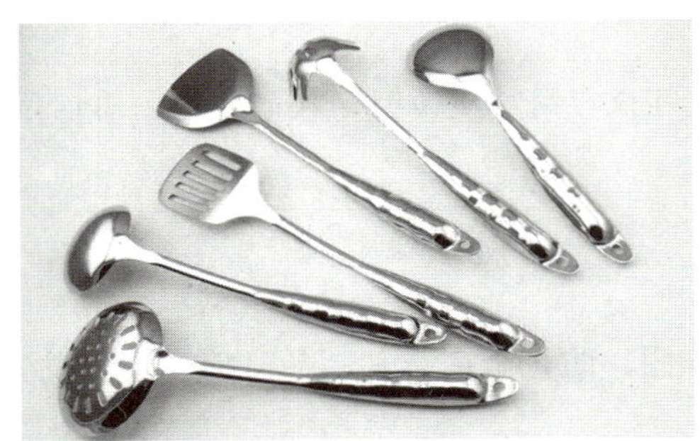

图 5-8　金属厨具

图 5-9　汽车工业用金属制品

（二）金属及其制品的性质

1．可变形

金属及其制品相对比较坚固，但部分金属及其制品由于自身性质特殊，受到外力作用后易变形。例如，碳素钢在低温条件下会变脆，受到外力作用后易断裂；纯铝制品质地较软，受到外力撞击后易凹陷或弯曲。

2．易锈蚀

大部分金属及其制品都不耐酸碱，在潮湿的环境中也容易锈蚀。

（三）金属及其制品的包装

为保证金属及其制品在物流过程中的安全，物流作业人员应对其进行合理包装。

1．金属的包装

金属大多被铸成锭块后进行储运，也有的被制成条状、板状或粉末状后进行储运。金属锭大多裸装或经捆扎后储运，特种生铁锭使用木箱或金属桶储运，高纯度的铝锭使用集装袋或木箱储运；金属条、金属板大多经捆扎后储运；金属粉末装入密闭的金属桶后储运。

2．金属制品的包装

图 5-10　盘成圆圈状后捆扎的钢丝

在金属制品中，日用金属制品通常用油纸或纸盒互相隔开，然后装入木箱内储运。其他金属制品根据形态的不同，采用不同的包装材料和包装方式。例如，钢材按形态的不同可分为型钢、钢板、钢管和钢丝。型钢大多裸装或简易捆扎；钢板一般裸装，卷筒钢板可用塑料薄膜简单包装；直径较大的钢管可裸装，直径较小的钢管可捆扎；钢丝通常盘成圆圈状后捆扎，如图 5-10 所示。

释疑解惑

型钢是指具有一定几何形状截面的钢材，可分为简单截面型钢（如方钢、圆钢等）和复杂截面型钢（如槽钢、工字钢等）。

（四）金属及其制品的运输

（1）装运金属及其制品时，应确保捆绑牢固，防止金属及其制品碰撞变形或发生掉落、滚落等运输事故。

（2）用油布等物品对金属及其制品进行苫盖，防止其锈蚀。对于单件重量较大的金属及其制品，可在其下方用木板等物品加以衬垫。

（五）金属及其制品的储存

（1）将金属及其制品储存于干燥场所并加以衬垫，不与易散发水分的货物（如谷物、水果、蔬菜等）、易挥发腐蚀性气体的货物（如硫酸、盐酸、甲醛溶液等）混储。

（2）堆码前应确保地面清洁、无腐蚀性物质残留。

（3）对于一些较为特殊的金属及其制品，储存时应采取相应的措施。例如，冷轧钢带、镀锌铁皮等极怕潮湿，应将其放入库房储存并严格控制库房内的相对湿度；镀锌（锡）钢皮染有油污会影响镀锌（锡）层，因此不宜将其与油类货物混储；铝锭掺入生铁屑、碎锌块或硬质煤炭残屑，质量会下降，因此不宜将铝锭与这些货物混储；铝粉、镁粉等易燃金属粉末应包装严密，切忌水湿或将其与氧化剂、易燃货物混储，并远离一切火种，以防发生燃爆事故；硅铁受潮会产生剧毒、易燃的磷化氢气体，因此应保持储存环境干燥、通风，以防发生中毒、自燃事故。

课堂活动

判断下列做法是否合理。如果不合理，请说明合理的做法。

（1）A 物流公司将一批散装铝粉直接装入车厢后运输。

（2）B 物流公司将一批金属碗与一批袋装谷物储存于同一间库房内。

（3）C 物流公司在装运一批钢管前，仔细对其进行了捆扎。

（4）D 物流公司将一批铝锭与碎锌块混装、混运。

（5）E 物流公司将一批生铁块储存于货场中。

二、玻璃及其制品

玻璃是指由熔体过冷所得，并因黏度增大而具有固体机械性质的晶态物质；将原料混合、高温熔融、澄清、匀化后加工成型，再经退火处理，即可制成玻璃制品。

（一）玻璃及其制品的分类

1. 玻璃的分类

玻璃的类型较多，所用原料不同，制造出的玻璃也不同。常见的玻璃有硅酸盐玻璃、磷酸盐玻璃、硼酸盐玻璃等。其中，硅酸盐玻璃中的钠钙玻璃在日常生活中应用最为广泛，其产量约占玻璃总产量的 90%以上。

2. 玻璃制品的分类

按用途的不同，玻璃制品可分为以下几类：

（1）日用玻璃制品：包括日用玻璃器皿（如玻璃杯、玻璃瓶、玻璃缸等）、玻璃艺术品等。

（2）建筑用玻璃制品：包括平板玻璃和其他玻璃。其中，平板玻璃包括普通平板玻璃、着色玻璃、压花玻璃（见图 5-11）、夹丝玻璃（即内部夹有金属丝或网的平板玻璃，见图 5-12）等。

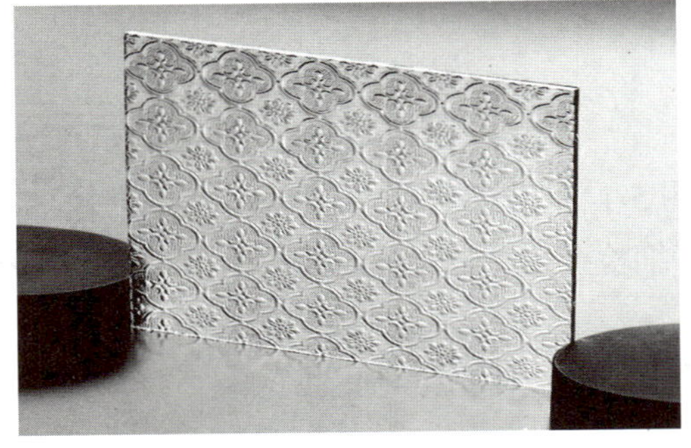

图 5-11　压花玻璃

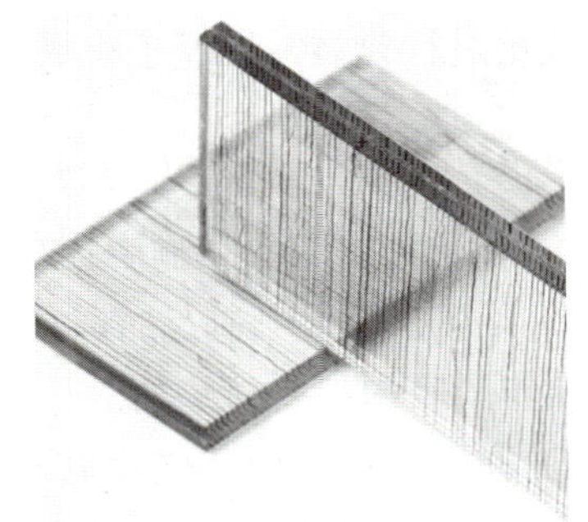

图 5-12　夹丝玻璃

（3）技术用玻璃制品：包括电器用玻璃制品，如灯泡、灯管、灯罩等；医药用玻璃制品，如药用玻璃瓶等；实验用玻璃制品，如凸透镜、凹透镜、反光镜、试管、烧瓶、量杯等；玻璃纤维制品，如玻璃纤维纱、玻璃纤维布、玻璃纤维带等。

（二）玻璃及其制品的性质

1. 易碎性

玻璃及其制品属于易碎品，在以下两种情况下易碎：一是受到的冲击力超过玻璃的强度极限；二是环境温度急剧变化，导致玻璃及其制品内外产生较大的温度差。

2. 风化性

此处的风化是指玻璃及其制品长时间处于潮湿环境中时，受空气中水分和二氧化碳的影响出现白色薄膜或斑点，从而导致透明度降低的现象。成箱的平板玻璃一旦风化，除出现白色薄膜或斑点外，还可能互相黏合，从而失去使用价值。

3. 耐碱性差

玻璃及其制品的化学性质较为稳定，其耐酸性较强，除氢氟酸能使其溶解外（磷酸盐玻璃对氢氟酸有一定的抵抗能力），一般的酸不会对其产生腐蚀作用。碱对玻璃的腐蚀作用较强，而且这种腐蚀作用会随温度的升高而逐渐增强。

（三）玻璃及其制品的包装

合理包装可有效防止玻璃及其制品破碎、风化、被腐蚀。对于不同类型的玻璃，应采用不同的包装方法。此处主要介绍用量较大的日用玻璃器皿和平板玻璃的包装方法。

1. 日用玻璃器皿的包装

对于普通的日用玻璃器皿，应用纸片或其他有弹性的材料将其隔开，然后装入木箱或瓦楞纸箱内；对于高级的日用玻璃器皿，应用软纸将其逐个包好后再装入木箱或瓦楞纸箱内。箱内必须用气泡膜、纸屑或木屑等填充，使日用玻璃器皿保持稳固，以防破碎。

2. 平板玻璃的包装

平板玻璃通常使用干燥、结实的框架木箱包装。包装时，将平板玻璃竖立在框架木箱中并用柔软物品（如气泡膜、海绵条等）加以衬垫，如图 5-13 所示。此外，也可使用平板玻璃集装箱进行包装，以便于机械作业。

（四）玻璃及其制品的运输

（1）尽量使用玻璃运输半挂车（见图 5-14）进行运输。

（2）运输玻璃及其制品时，首先应仔细检查包装是否符合要求，确保包装牢固且内部有衬垫物。

（3）在运输过程中，应注意行驶平稳，防止玻璃及其制品剧烈晃动、碰撞、滑动和倾倒。

雨天运输玻璃制品的注意事项

（4）采取合适的防雨措施。

（5）轻装轻卸、轻拿轻放，严防倾斜或倒置。

图 5-13 平板玻璃的包装

图 5-14 玻璃运输半挂车

（五）玻璃及其制品的储存

（1）不得将玻璃及其制品与碱类化学品（如氢氧化钠、氨水等）和容易返潮的货物混储；不得将玻璃纤维制品与食品类货物混储，以免影响食品类货物的质量。

（2）堆码时，宜采用压缝式堆码方式，以防倒塌。

（3）将仓库内相对湿度控制在 85%以下，最高不得超过 90%。

（4）经常对玻璃及其制品进行检查，发现包装受潮时要及时处理。

（5）采取合适的防霉措施。

三、塑料及其制品

本书项目三任务二已介绍过塑料的定义和分类，因此此处只介绍塑料制品的定义和分类。塑料制品是指以塑料为主要原料加工而成的产品。

（一）塑料制品的分类

按用途的不同，塑料制品可分为塑料材料制品和塑料日用制品。

1. 塑料材料制品

塑料材料制品是指用作原料的塑料，按结构和性能的不同，可分为以下几类：

（1）人造革：是指以各种工艺在机织布、针织布或非织造布等材料上形成聚氯乙烯、聚氨酯等合成树脂膜层而制成的复合材料。

（2）合成革：是指以湿法工艺在机织布、针织布或非织造布等材料上形成聚氨酯树脂微孔层，再经干法工艺或后处理工艺制成的复合材料。

释疑解惑

湿法工艺是指通过水溶液凝聚、水洗等使附着于基布上的树脂凝结固化的生产工艺。干法工艺是指通过加热使基布上的树脂固化的生产工艺。后处理工艺是指整饰人造革或合成革表面，以改善印花效果等的相关工艺的统称，如喷涂、辊（gǔn）涂、压花、印刷等。

（3）泡沫塑料：是指内部具有无数微孔的塑料（见图 5-15），可用聚苯乙烯、聚氯乙烯、聚氨酯等制成。泡沫塑料具有质轻、绝热、吸声、耐腐蚀、防潮、防震等优点，可用作隔热、隔声材料，也可用于制造船舶外壳、飞机附件、浮标、救生圈等。此外，具有弹性的泡沫塑料，可用作衬垫物。

（4）玻璃钢：是指以纤维及其制品（如纤维布、带、毡、纱等）为增强材料，以合成树脂为基体材料制成的复合材料。按使用纤维的不同，玻璃钢可分为玻璃纤维增强塑料、碳纤维增强塑料、硼纤维增强塑料等。玻璃钢不导电，耐化学腐蚀，质轻而坚硬，可代替钢材用于制造机器零件、船体、车身等，也可用于建筑行业等。

2. 塑料日用制品

按用途的不同，塑料日用制品可分为塑料餐具、塑料玩具、塑料工艺品（见图 5-16）、塑料家具、塑料洁具、塑料文化用品（如塑料尺、塑料文件袋、计算器）等。

图 5-15　泡沫塑料

图 5-16　塑料工艺品

（二）塑料及其制品的性质

1. 易变形

塑料及其制品在外力作用下易变形，从而影响其外观、功能和使用寿命。

2. 易老化

塑料及其制品的老化是指塑料及其制品受周围环境条件（如光、热、空气等）的影响，化学结构被破坏、物理性能下降的现象。塑料及其制品老化的具体表现有表面发黏、变软、变硬、变脆、龟裂，颜色改变，透明度下降等。

3. 可燃性

大部分塑料及其制品可以燃烧，部分塑料（如聚乙烯、聚丙烯、聚苯乙烯）不仅易燃，而且离火后能持续燃烧。

4. 耐腐蚀

塑料及其制品的化学性质稳定，大部分塑料及其制品耐酸、碱、盐、油类，在潮湿环境中也不易被腐蚀。

（三）塑料及其制品的包装

（1）塑料原料通常以颗粒状或粉末状进入物流环节。为防止塑料原料老化，一般使用不透气的塑料袋、塑料桶、金属桶、铝箔袋等包装。

（2）塑料材料制品中，人造革、合成革通常以硬质塑料管或纸筒为卷芯，外用牛皮纸或塑料薄膜进行包装；泡沫塑料可用塑料薄膜袋、多层纸袋或其他适宜的包装袋包装；玻璃钢可用木箱包装。

（3）塑料日用制品一般用塑料箱、牛皮纸袋、纸盒、纸箱等包装。

（四）塑料及其制品的运输

（1）尽量使用厢式货车运输，以免塑料及其制品在运输过程中受到风吹、日晒、雨淋。

（2）确保捆绑牢固，必要时使用衬垫物加以衬垫，以防塑料及其制品在运输过程中倾倒或受到撞击。

（五）塑料及其制品的储存

（1）风吹、日晒和雨淋会加速塑料及其制品的老化，因此应将其储存于库房中，合理控制库房内的温度，并避免阳光直射。

（2）确保塑料及其制品远离点火源。

（3）不得将塑料及其制品与危险化学品混储。

（4）堆码时控制货垛高度，留足灯距。

四、化肥

化肥是指以矿物、空气、水分等为原料，采用物理或化学工业方法制成，标明养分类型与含量的肥料。

（一）化肥的分类

按养分的不同，化肥可分为单元肥料和复合肥料。

1. 单元肥料

单元肥料是指仅含氮、磷、钾三要素之一的化肥，即氮肥、磷肥和钾肥。

（1）氮肥：是指具有氮标明量、能够提供植物氮营养的肥料。按氮的化合形态的不同，氮肥可分为铵态氮肥（如硫酸铵）、硝酸态氮肥（如硝酸钠）、硝酸态-铵态氮肥（如硝酸铵）、酰胺态氮肥（如尿素）、氰氨态氮肥（如氰氨化钙）。

（2）磷肥：是指具有磷标明量、能够提供植物磷营养的肥料。按所含磷酸盐的溶解性的不同，磷肥可分为水溶性磷肥、枸溶性磷肥和难溶性磷肥。

释疑解惑

枸溶性磷肥是指难溶于水，但能溶于酸度相当于2%柠檬酸的溶液、中性或微碱性柠檬酸铵溶液的磷肥。

（3）钾肥：是指具有钾标明量、能够提供植物钾营养的肥料。钾肥主要有由天然钾盐矿（如钾石盐、光卤石）精制或含氯化钾的卤水中提取而成的硫酸钾和氯化钾，以及由水泥工业中回收的窑灰钾肥。

2．复合肥料

复合肥料是指含有氮、磷、钾三种或其中两种养分，采用化学方法直接合成或在此基础上再添加其他养分加工制成的化肥。复合肥料的运输与储存比单元肥料更加方便。

（二）化肥的性质

1．吸湿性

大多数化肥都具有吸湿性且易溶于水，其吸湿性强弱根据化肥类型和外部环境的不同而不同。一般而言，在高温、高湿的环境中，化肥的吸湿性较强。化肥吸湿后可能会结块、膨胀或分解。

2．结块性

大多数化肥尤其是散装化肥受潮后极易结块，袋装化肥往往也会因储存时间过长而干燥结块或压实结块。化肥结块后，不仅质量会降低，还会对运输、装卸作业造成困难。

3．易燃性

部分化肥属于危险货物，易燃烧，甚至易爆炸，如硝酸钠、硝酸钾、硝酸铵等。

4．毒性

部分化肥具有毒性。例如，氰氨化钙粉末极易随风飞扬，被人体吸入、接触皮肤过久或飞入眼睛，都会对人体造成危害；铵态氮肥挥发出的氨气也具有一定的毒性。

5．腐蚀性

呈强酸性或强碱性的化肥（如氰氨化钙）具有腐蚀性，皮肤接触这类化肥可能出现疼痛、开裂、脱皮的情况。此外，部分化肥挥发出的气体也具有腐蚀性。

6．散发异味

部分化肥异味浓烈，如碳酸氢铵、氨水、氰氨化钙等，尤其是铵态氮肥在分解过程中挥发出氨气时，异味更加浓烈。

（三）化肥的包装

按物理状态的不同，化肥可分为固体化肥、液体化肥和气体化肥，此处主要介绍固体化肥的包装。根据国家标准《固体化学肥料包装》（GB/T 8569—2009），固体化肥（不包括属于危险货物的固体化肥）的包装规格按内装物净含量一般可分为 50 kg、40 kg、25 kg 和 10 kg 四种，包装材料的选用情况如表 5-3 所示。

表 5-3　固体化肥包装材料的选用情况

化肥名称	多层袋		复合袋	
	外袋：塑料编织袋 内袋：聚乙烯薄膜袋	外袋：塑料编织袋 内袋：聚氯乙烯薄膜袋	二合一袋（塑料编织布/膜）	三合一袋（塑料编织布/膜/牛皮纸）
尿素	√	—	√	—
硫酸铵	√	—	√	—
碳酸氢铵	√	√	—	—
氯化铵	√	—	√	—
重过磷酸钙	√	—	√	—
过磷酸钙	√	—	√	—
钙镁磷肥	√	—	—	√
磷酸铵	√	—	√	—
硝酸磷肥	√	—	√	—
复混肥料	√	—	√	—
氯化钾	√	—	√	—

注：表中带“√”者，为可以使用的包装材料；表中带“—”者，为不推荐使用的包装材料。

表 5-3 中的外袋、二合一袋、三合一袋即为固体化肥的运输包装。

（四）化肥的运输

（1）宜使用专门的运输工具运输化肥，并确保运输工具内部干燥、清洁、平整、无突出的尖锐物。

（2）在运输过程中，应防雨、防晒，防止化肥包装袋破裂。

（五）化肥的储存

（1）将化肥储存于平整、阴凉、干燥、通风的仓库内，不得露天储存，防止日晒、雨淋；不宜将化肥与清洁货物混储。

（2）堆码袋装化肥时，宜采用纵横交错式堆码方式，堆码高度不超过 7 m。

（3）在储存过程中，应合理控制仓库内的温湿度，防止化肥吸湿结块；使化肥远离点火源，以免发生火灾甚至爆炸事故。

五、水泥

水泥是一种粉末状矿物质胶凝材料，与水拌和后逐渐硬化。水泥是现代建筑工程领域不可缺少的基本材料，用量极大。

（一）水泥的分类

根据国家标准《水泥的命名原则和术语》（GB/T 4131—2014），按用途与性能的不同，水泥可分为通用水泥和特种水泥两大类，具体如表 5-4 所示。

表 5-4　水泥的分类

类型	命名原则	举例
通用水泥	以水泥的硅酸盐矿物名称命名，并可冠以混合材料名称或其他适当名称	硅酸盐水泥、普通硅酸盐水泥、矿渣硅酸盐水泥、火山灰质硅酸盐水泥、粉煤灰硅酸盐水泥、复合硅酸盐水泥
特种水泥	以水泥的主要矿物名称、特性或用途命名，并可冠以不同型号或混合材料名称	铝酸盐水泥、硫铝酸盐水泥、快硬硅酸盐水泥、低热矿渣硅酸盐水泥

（二）水泥的性质

1. 水硬性

水硬性是指某种材料磨成细粉并和水成浆后，能在潮湿的空气或水中硬化，并形成稳定化合物的性能。水泥与适量的水调和后可成浆状，过一段时间后便会凝固。水分对水泥的硬化有着重要的作用，但是水泥硬化后，就不易受水分的影响。

2. 扬尘性

水泥是颗粒极细的粉末状物质，在物流作业中极易飞扬。水泥飞扬不仅会使自身减重，也会污损其他货物。如果水泥粉尘散落在食品、纺织品、生皮、化肥等货物表面，会对这些货物的质量造成不良影响。因此，对于沾染水泥粉尘后质量会下降的货物，不能将其与水泥混装、混储；同时也要注意避免装卸搬运水泥时产生的扬尘污染其他货物。

（三）水泥的包装

水泥可散装，也可使用包装袋进行包装。根据国家标准《水泥包装袋》（GB/T 9774—2020），水泥包装袋有纸袋、复膜塑编袋和纸塑复合袋三种，规格一般可分为 50 kg 和 25 kg 两种。

（四）水泥的运输

（1）对于散装水泥，应使用专用运输工具（如散装水泥车，见图 5-17）运输；对于袋装水泥，装车时堆码高度不宜超过 10 层。

（2）不同类型的水泥应分开运输。在运输过程中，应避免水泥受潮或混入杂物。

图 5-17　散装水泥车

释疑解惑

生产水泥袋和处理废旧水泥袋会对环境造成较大污染，因此我国鼓励以散装方式运输水泥。

（五）水泥的储存

此处主要介绍储存袋装水泥的要求，具体如下：

（1）储存袋装水泥的库房必须保持干燥，库房地面应高出库房四周地面 30 cm。若库房地面有良好的防潮层并以水泥砂浆抹面，则可直接储存袋装水泥，否则需用木条等衬垫物垫高 20 cm。袋装水泥不宜堆码过高，一般在 10 层及以下；若储存时间短，则可堆码 15 层。袋装水泥垛一般应距离墙壁和窗户 30 cm 以上。

（2）当临时露天储存袋装水泥时，应选择地势高、排水良好的储存场所，并认真苫垫，以防水泥受潮。

模拟包装玻璃及其制品

实训步骤

（1）全班学生自由分组，每组 3～5 人，并选出一名小组长。

（2）小组长组织小组成员，自行准备玻璃及其制品（至少三种）和包装容器及辅助物，在课堂上模拟包装本小组准备的玻璃及其制品。

（3）包装完成后，小组长在课堂上展示包装成果，并与其他小组交流心得。

（4）老师对各小组的包装成果进行点评。

任务三 了解其他普通货物

任务导入

小陈是YR物流公司的一名货车司机。某日，他接到一项工作安排：使用冷藏车将一批生皮运输到某皮革加工厂，要求将冷藏车车厢的温度控制在10℃左右，运输时间控制在12 h以内。

在运输过程中，小陈发现冷藏车的温度控制系统出现了故障，遂下车查看。打开车门后，小陈闻到一股浓烈的异味，经测量发现车厢内温度达到了39℃。经估算，此次运输事故致使YR物流公司损失12余万元。

问题：

（1）为什么要将运输生皮的冷藏车车厢温度控制在10℃左右？

（2）运输生皮时还应满足哪些要求？

一、棉花

棉花是我国重要的经济作物，在纺织、国防、医药、汽车工业等领域都有着重要的用途。

图5-18　棉铃

（一）棉花的分类

1．按是否去除棉籽分类

按是否去除棉籽，棉花可分为以下两类：

（1）籽棉：是指从开花吐絮的棉铃（见图5-18）上采摘下来的带籽棉朵。

（2）皮棉：又称原棉，是指籽棉经轧棉机加工去除棉籽后所得的纤维部分。

2．按品种分类

按品种的不同，棉花可分为以下三类：

（1）细绒棉：又称陆地棉，纤维较为细长，长度为23～33 mm，强度稍低于长绒棉，颜色呈洁白、乳白或淡黄色，种植范围广泛。细绒棉细度越细、长度越长，可纺棉纱越细，质量与价格亦越高。

（2）长绒棉：又称海岛棉，纤维细长，长度为33～45 mm，强度高，适于纺制细特（高支）的纱和工业用纱，产量低于细绒棉，但质量更优。

（3）粗绒棉：纤维粗短，长度为15～24 mm，强度偏低，只能用于纺较粗的棉纱、制起绒棉织物或做棉絮等，目前已较少种植。

3. 按颜色分类

按颜色的不同，棉花可分为以下四类：

（1）白棉：是指正常成熟、正常吐絮的非彩色棉花。不管皮棉颜色呈洁白、乳白还是淡黄色，都称为白棉。棉纺厂使用的皮棉，绝大部分为白棉。

（2）黄棉：是指被枯死的棉铃壳染黄的棉花。黄棉属于低级棉，使用量较大。

（3）灰棉：是指长期生长于降雨量大、日照时间短、温度低的环境中，纤维成熟度受到影响，从而呈灰白色的棉花。灰棉质量较差，棉纺厂很少使用。

（4）彩棉：是指自然生长的或采用杂交等种植技术培育出的彩色棉花。用彩棉制造棉织品可减少印染工序，既能节省加工成本，又能减少环境污染。

（二）棉花的性质

1. 吸湿性

棉纤维有许多孔隙，因此棉花具有较强的吸湿性。在正常状态下，棉花的含水量为8%。棉花吸湿后含水量超过14%时，容易发热、霉烂、失去光泽、出现黑斑，纤维强度也会降低。

2. 易污损

棉花很容易因沾染灰尘、杂质而污损，污损后的棉花不仅纺织性能会降低，还会发霉或遭受虫蛀。

3. 保温性

棉纤维是热的不良导体，并且内部存在大量空气，而空气也是热的不良导体，因此棉花不易导热，具有良好的保温性。

4. 易燃性

棉纤维表面的蜡质易燃，少量火星都会使棉花燃烧。由于棉纤维有许多孔隙，并且内部存在大量空气，因此棉花一旦起火，火势就会迅速蔓延且不易控制，即便隔绝外界空气，棉花也能持续燃烧。

同步案例

火星点燃棉花，酿成火灾

某日14时，一座棉花仓库发生火灾。近300 m^{2}的仓库中，顶部的石棉瓦几乎全部被烧碎，散落在棉堆中。棉堆中的棉花，有的被烧焦，有的还露出些许白色。

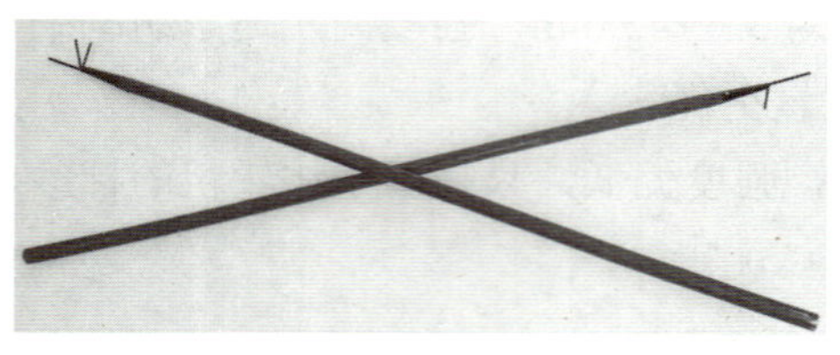
图 5-19　火钩

一个小时后，明火基本被扑灭，但救火工作远远没有结束。消防员戴着消防头盔和消防手套，拿着火钩（见图 5-19）、撬杠等工具，在水枪的掩护下，进入仓库进行二次灭火。

棉花极易阴燃和复燃，因此必须将棉堆全部翻开，浇上水进行冷却。18 时左右，火情处置完毕。据调查，此次火灾是由电焊作业或切割作业中产生的火星引起的。

5．怕无机酸

棉纤维的化学稳定性较好，对碱和有机酸（如羧酸、磺酸、亚磺酸等）的抵抗能力较强，但对无机酸（如盐酸、硝酸、硫酸等）的抵抗能力较弱。棉纤维分子在无机酸溶液中易水解，致使棉纤维质量降低。

（三）棉花的包装

1．包装物

棉花一般使用包装袋和捆扎带进行包装，具体要求如下：

（1）使用不污染棉花、不产生异性纤维的本白色纯棉布包装袋或塑料包装袋进行包装。其中，塑料包装袋应有透气孔且透气性良好，能够防止杂质、灰尘进入棉包（见图 5-20）污染棉花。

图 5-20　棉包

（2）使用镀锌钢丝或聚酯捆扎带对棉包进行捆扎。捆扎带的规格和机械性能、捆扎根数等应符合国家标准《棉花包装》（GB 6975—2013）的有关要求。

2．包装方法

棉花的包装方法有捆扎法和套包法两种。前者是指将棉花压缩并用棉布包装袋包装后再进行捆扎；后者是指将棉花压缩、捆扎后，再将包装袋套包在棉包上。用棉布包装袋包装的棉包捆扎好后，应用棉线绳将棉包包头接缝处缝严。

释疑解惑

棉布包装袋适用于捆扎法和套包法，塑料包装袋仅适用于套包法。

（四）棉花的运输与储存

（1）在运输棉花的过程中，应防止棉花受到火烧、雨淋和污染。

（2）储存棉花时，应保持周围环境清洁，并避免在周围堆放易燃物。

（3）堆码棉包时，应将棉包放平，使上下层交叉压缝，以确保梢垛横平竖直；应确保包扣朝上。

（4）在货场堆码棉包时，应满足以下要求：① 垫好垛基（不低于 25 cm），并保持垛底通风；② 使用三防篷布苫盖棉垛；③ 棉垛高度不超过 6 m，垛顶呈屋脊形；④ 每个棉垛的占地面积不超过 100 m^2；⑤ 对棉垛进行分组，每组不超过 8 个棉垛，垛距不小于 4 m，组距不小于 10 m。

（5）在货棚堆码棉包时，应满足以下要求：① 与在货场堆垛时的前三项要求相同；② 垛距不小于 4 m，墙距不小于 0.5 m，柱距不小于 0.5 m，顶距不小于 1 m。

（6）在库房堆码棉包（见图 5-21）时，应满足以下要求：① 在垛与垛之间留出通道，主要通道宽度不小于 2 m，其他通道宽度不小于 1.5 m；② 垛距不小于 4 m，墙距不小于 0.5 m，柱距不小于 0.5 m，顶距不小于 1 m；③ 定期监测库房内的温湿度，并采取通风散湿措施。

图 5-21 在库房堆码棉包

二、生皮

生皮是指从动物身上剥下，尚未鞣（róu）制成革的皮。我国畜牧业发达，生皮资源丰富，且生产历史悠久。

（一）生皮的分类

按用途的不同，生皮可分为制革原料皮和毛皮原料皮。

1. 制革原料皮

制革原料皮供制造皮革用，以猪皮、牛皮、羊皮等家畜皮为主。制革原料皮又可根据不同的标准进行分类：

（1）按软硬程度的不同，可分为硬革皮和软革皮。前者适合制作鞋底、马具等，后者适合制作鞋面、箱包、服装等。

（2）按处理程度和方法的不同，可分为鲜皮、盐湿皮、盐干皮、干板皮、撑板皮等。鲜皮是指刚剥下的皮，盐湿皮是指经盐贮藏的皮，盐干皮是指经盐腌再晾干的皮，干板皮是指不经盐腌而直接洗净、晾干的皮，撑板皮是指用竹竿或木架等撑开并晾干的皮。

此外，制革原料皮还可按尺寸、重量、质量、产地、动物的性别和年龄、生产季节等进行分类。

2. 毛皮原料皮

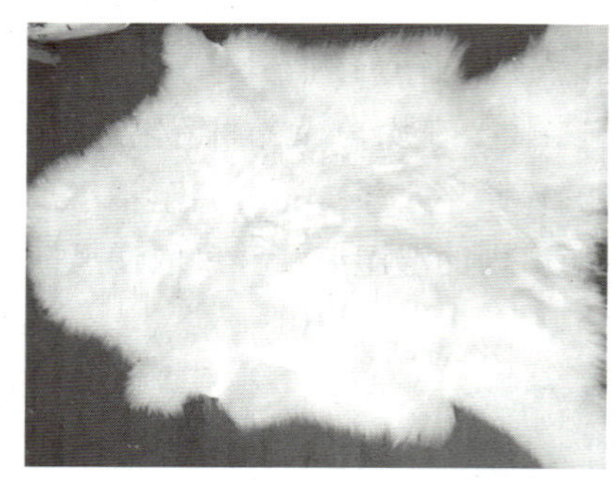

图 5-22　毛皮原料皮

毛皮原料皮（见图 5-22）供制造毛皮制品用，不去毛，可分为以下几类：① 小毛细皮类，如黄鼬皮、石貂皮等；② 大毛细皮类，如狐狸皮、水貂皮等；③ 粗毛皮类，如绵羊皮等；④ 杂毛皮类，如兔皮等。

（二）生皮的性质

1. 吸湿性

生皮含有亲水性成分，再加上皮纤维具有毛细管作用，因此吸湿性较强。生皮受潮尤其是水湿后，会加快微生物繁殖，从而导致皮层组织被腐蚀，出现发霉、变色、脱毛甚至腐烂现象。

2. 怕热性

生皮被暴晒或处于高温环境中时，皮板会过度干燥，进而发硬开裂。皮板受潮后遇热会腐烂发臭，致使生皮质量下降。

释疑解惑

生皮一般由皮板和毛被构成。皮板有表皮、真皮和皮下组织三层；毛被是指生长在皮板上的毛的统称，有针毛、绒毛和锋毛三种毛型。

3. 感染性

生皮上存在数十种微生物，当温度在 30～37℃时，微生物会快速繁殖，生皮中的蛋白质、脂肪会逐渐分解腐败，从而对其他货物造成污染。如果生皮上存在炭疽（jū）芽孢杆菌等致病菌，还可能对人、畜的健康造成危害。

4. 怕虫蛀、鼠咬

生皮富含蛋白质和脂肪，易被虫蛀、鼠咬。

5. 散发异味

生皮本身具有浓烈的气味。此外，为防虫蛀、鼠咬，物流作业人员还常在生皮表面喷洒除虫药剂，这些药剂通常也具有刺鼻的气味。

（三）生皮的包装

常见的生皮包装形式有捆装、木桶装和木箱装，具体要求如下：

（1）采用捆装形式时，应确保包装材料干燥、清洁、无虫无腐、牢固。包装时，应先清除生皮上的灰尘，按板对板、毛对毛的原则放置，以防皮板中的脂肪污染毛被，然后用白色棉布或麻布包裹，喷洒除虫药剂后用捆扎带捆扎。

（2）采用木桶装或木箱装形式时，应在木桶或木箱内铺垫防潮纸，装入生皮后喷洒除虫药剂，然后将木桶或木箱封好。

（四）生皮的运输与储存

在运输与储存生皮的过程中，应满足以下要求：

（1）做好苫盖工作，防止生皮受到日晒、雨淋。

（2）保持运输工具和库房内干燥、通风，控制温湿度并做好防虫、防霉工作。一般而言，适合生皮的储存温度为5～15℃，相对湿度为60%～70%。

（3）不得将生皮与易散发水分的货物、食品类货物、化学品混运、混储。

（4）避免生皮被尖锐物品戳、划。

课堂活动

判断下列做法是否合理。如果不合理，请说明合理的做法。

（1）A物流公司将一批棉花用黑色棉布包装袋包装。

（2）B物流公司将一批散装棉花堆放在其他货场上，并且未对棉堆进行苫盖。

（3）C物流公司在对一批棉包进行堆码时，采用了重叠式堆码方式。

（4）D 物流公司先清除一批生皮上的灰尘，然后将其装入衬有防潮纸的木箱内，并喷洒了除虫药剂。

（5）E物流公司用敞车运输一批生皮，且未用篷布苫盖。

三、纺织品

纺织品是指纺织纤维经过纺织和复制加工，可供直接使用或做进一步加工的制品、半制品，包括纱线、绳索、编织物、机织物、针织物和非织造织物等。

释疑解惑

纺织纤维是指长度和细度符合纺织要求，可用来制成纺织品的纤维。天然纺织纤维有棉、麻、羊毛、蚕丝等，化学纺织纤维有黏胶纤维、醋酯纤维、锦纶、涤纶、腈纶、丙纶等。

（一）纺织品的分类

按应用领域的不同，纺织品可分为以下几类：

（1）服装用纺织品：是指用于制作服装的纺织面料、辅料和衣着用针织品。

（2）家用纺织品：是指用于家庭及部分特定场所（如宾馆、剧场、餐厅等）的纺织品，包括床上用品（如床单、被套、枕套、枕芯等，见图 5-23）、毛巾、布艺制品（如窗帘、遮阳帘等，见图 5-24）、地毯、厨卫用纺织品（如抹布、围裙、搓澡巾等）和其他家用纺织品（如布拖鞋、收纳袋等）。

图 5-23　床上用品

图 5-24　布艺制品

（3）产业用纺织品：是指经专门设计的具有工程结构特点、特定应用领域和特定功能的纺织品，包括农业用纺织品、建筑用纺织品、篷帆类纺织品、过滤与分离用纺织品、土工用纺织品、工业用毡毯（呢）纺织品、隔离与绝缘用纺织品、医疗与卫生用纺织品、包装用纺织品、安全与防护用纺织品、结构增强用纺织品、文体与休闲用纺织品、合成革（人造革）用纺织品、线绳（缆）带纺织品、交通工具用纺织品和其他产业用纺织品等 16 类。

（二）纺织品的性质

由于原料和生产工艺的不同，不同纺织品具有不同的性质，但一般都具有以下性质。

1. 易老化

纺织品在光、热、水分等各种因素的影响下会老化，具体表现为褪色、失去光泽、出现霉斑、弹性下降、变脆、破损等。

2. 易变形

纺织品变形的形式包括收缩、拉伸、起皱等。纺织品长期受到外力作用或处于潮湿、高温环境中时，可能收缩或拉伸；长期折叠或卷曲后可能起皱，经高温熨烫又可恢复原状。

3. 可燃性

大部分纺织品可燃烧，其中化学纤维纺织品属于易燃物，燃点一般在 150℃左右。

（三）纺织品的包装

纺织品的包装主要有以下几类：① 木箱，一般只用于包装高档纺织品；② 纸箱，用于包装质轻、不耐压的纺织品；③ 棉、麻布袋，用于包装棉织品和混纺织品；④ 塑料编织袋，用于包装各类纺织品。

物流作业人员应根据纺织品的性质、用途来选择具体的包装。此外，为保证纺织品不受潮、受损，可用塑料薄膜、牛皮纸和防潮纸作为内衬物。

释疑解惑

当使用棉、麻布袋和塑料编织袋包装纺织品时，还需在内部衬垫竹片或硬板条，以免捆绑时损伤纺织品。

（四）纺织品的运输与储存

（1）在运输过程中，应避免纺织品受到暴晒、挤压，防止纺织品破损或被污染。

丝绸类货物储存时的注意事项

（2）将纺织品储存于库房中，不得露天储存。库房应满足以下要求：① 地面平整，能够有效隔潮；② 库顶不漏雨，具有较好的隔热性能；③ 门窗封闭严实，能够防止雨雪浸入。

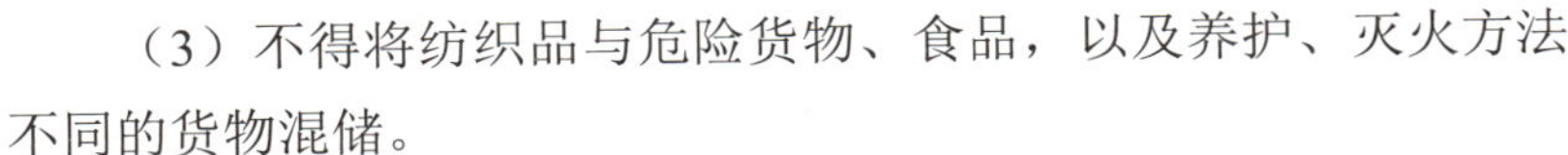

（3）不得将纺织品与危险货物、食品，以及养护、灭火方法不同的货物混储。

（4）宜采用压缝式、通风式堆码方式。由于毛、丝类纺织品不可重压，因此应将其储存于货架上。

（5）控制好库房内的温湿度，保持库房干燥，做好防火工作。

四、橡胶

橡胶是高弹性的高分子化合物，属于重要的工业原料，广泛用于制造轮胎、胶带、电线、电缆及其他橡胶制品。

（一）橡胶的分类

1. 按来源分类

按来源的不同，橡胶可分为以下两类：

（1）天然橡胶：是指从植物源巴西三叶橡胶树，以及橡胶藤或橡胶草等含胶植物中采集的热固性材料。天然橡胶的抗拉强度高于一般合成橡胶。

（2）合成橡胶：是指通过非生物方法聚合一种或几种单体生产的橡胶。合成橡胶的性能因单体和制造工艺的不同而异，某些性能（如耐油性、耐热性、耐磨性等）甚至优于天然橡胶。合成橡胶原料易得，可大规模生产，且不受地理条件限制。重要的合成橡胶有丁苯橡胶、异戊橡胶、顺丁橡胶、乙丙橡胶、丁腈橡胶、丁基橡胶和氯丁橡胶等。

创新之路

我国自主研发出高性能橡胶

为解决我国合成橡胶严重依赖进口的问题，中国科学院青岛生物能源与过程研究所（以下简称“青岛能源所”）通过设计合成新型铁系催化剂，研制了铁系丁戊橡胶新材料，开发了拥有自主知识产权的催化剂技术和催化聚合技术。

我国是全球最大的轮胎生产和消费国，每年对溶聚丁苯橡胶（主要用于制造高性能轮胎的胎面，以提高抗湿滑性）的需求量超过 20 万吨。随着我国轮胎行业的快速发展，预计溶聚丁苯橡胶需求量的年均增速仍会保持在 10%左右，但是我国的高端溶聚丁苯橡胶严重依赖进口。

青岛能源所研制出铁系丁戊橡胶新材料，解决了我国溶聚丁苯橡胶严重依赖进口的难题。该新材料作为一项“原创性、系统性、用得上、有影响”的重大成果产出，将为我国轮胎橡胶新材料产业的高质量发展提供重要科技支撑。

资料来源：衣冠杰：《中国自主研发高性能抗湿滑胎面橡胶新材料达国际先进水平》，中国新闻周刊网，2022 年 7 月 25 日

2. 按是否硫化分类

按是否硫化，橡胶可分为以下两类：

（1）生橡胶：是指未经硫化的橡胶。生橡胶通常成包提供，作为制造橡胶制品的原料。

（2）硫化橡胶：又称熟橡胶，是指由生橡胶经硫化制成的橡胶。硫化橡胶的抗拉强度、耐磨性等性能都优于生橡胶。

释疑解惑

硫化是指在生橡胶中加入硫化剂（通常为硫磺，也可为过氧化物等）、促进剂，在一定条件下发生硫化反应，从而改进橡胶的物理和力学性能的过程。

（二）橡胶的性质

与天然橡胶相比，合成橡胶的性质通常更加稳定。此处主要介绍天然橡胶的性质。

1. 易老化

天然橡胶长时间受到风吹、日晒后，会逐渐硬化、变脆、龟裂或软化发黏，失去弹性。此外，油类、酸碱也会使橡胶老化。

2. 热塑性

天然橡胶在 5～35℃的环境中能保持较好的弹性。当温度降至 0℃时，天然橡胶会硬化，弹性大幅降低。当温度升至 50℃时，天然橡胶表面会软化发黏，易与包装或其他货物黏结。在一定的温度范围内，天然橡胶遇冷会变硬，遇热会变软，而且这种现象是可逆的。

3. 溶解性

天然橡胶在有机溶剂（如汽油、乙醚、苯、三氯甲烷、二硫化碳等）中会先溶胀（即高分子物质吸收液体后体积增大的现象）而后逐渐溶解。

4. 易燃性

天然橡胶易燃，因为其受强热会分解为易燃、易爆的异戊二烯。

5. 易腐性

天然橡胶会因其上附着的微生物繁殖而腐败。天然橡胶腐败时，首先发黏，继而发软并散发酸性的恶臭气味，最后发霉，出现黑斑、橙黄斑或白斑。天然橡胶在腐败的同时也会老化，不仅色泽变深、变暗，力学、物理性能也大幅降低，甚至完全丧失。天然橡胶所含蛋白质、水分、糖类等越多，越易腐败。

（三）橡胶的包装

此处主要介绍天然生胶的包装。天然生胶通常用聚乙烯薄膜和聚丙烯编织袋进行双层包装，包装后的橡胶称为胶包。每个胶包的净含量为 33.3 kg 或 35 kg（允许±0.5%）。对于净含量为 33.3 kg 的胶包，其长度约为 670 mm，宽度约为 330 mm，高度约为 200 mm。对于净含量为 35 kg 的胶包，其长度约为 680 mm，宽度约为 340 mm，高度约为 200 mm。

包装方式可采用单包散装或大包装，净含量为 33.3 kg 的胶包以 30 包为大包装，净含量为 35 kg 的胶包以 36 包为大包装。大包装可使用托盘、疏格箱或流转式包装箱。

释疑解惑

由于 30 包净含量为 33.3 kg 的胶包重量约为 1 t，因此实践中优先采用该规格的包装。

（四）橡胶的运输

图 5-25　橡胶的运输

（1）使用干燥、清洁的车厢或集装箱等装运，并做好苫盖工作，如图 5-25 所示。

（2）在运输过程中，避免橡胶与油类、有机溶剂及其他对橡胶有害的物质接触或受其污染。

（五）橡胶的储存

此处主要介绍储存生橡胶的要求，具体如下：

（1）将生橡胶储存于清洁、干燥、通风和温度适宜（10～35℃）的库房中。库房中的热源应可调节，并且附近安装有隔板，以保证在最近处储存的生橡胶温度不超过 25℃。

（2）注意防潮，保证生橡胶或包装材料上不会凝结水分。

（3）避免光照，特别是直射的阳光和紫外线较强的强力人造光，最好使用普通的白炽灯。若生橡胶用不透明的材料包装，则库房的窗户宜挂红色或橙色的窗帘。

（4）严格防尘，并防止生橡胶被除包装材料外的其他物质污染。

同步实训

分享货物图片或视频

实训步骤

（1）全班学生自由分组，每组 3～5 人，并选出一名小组长。

（2）小组长从棉花、生皮、纺织品和橡胶等四种货物中选择一种，组织小组成员搜集与所选货物有关的物流操作图片或视频，并针对不合理的地方提出改进建议。

（3）各小组长轮流上台展示所搜集的图片或视频，并进行说明。

（4）老师对各小组的表现进行点评。

学习成果自测

1．填空题

（1）绿茶可分为炒青绿茶、________________、________________和________________。

（2）金属是指富有特殊光泽、不透明，具有良好的＿＿＿＿＿＿、＿＿＿＿＿＿、延展性的物质。

（3）平板玻璃通常使用干燥、结实的＿＿＿＿＿＿包装。

（4）化肥是指以＿＿＿＿＿＿、＿＿＿＿＿＿、＿＿＿＿＿＿等为原料，采用物理或化学工业方法制成，标明养分类型与含量的肥料。

（5）棉花吸湿后含水量超过＿＿＿＿＿＿时，容易发热、霉烂、失去光泽、出现黑斑，纤维强度也会降低。

2. 单项选择题

（1）黑色金属通常指（　　）及其合金。

A．铜、锰、锌　　B．锡、铁、铬
C．铁、铅、铜　　D．铁、锰、铬

（2）堆码袋装化肥时，宜采用（　　）堆码方式。

A．重叠式　　B．纵横交错式　　C．通风式　　D．栽柱式

（3）（　　）不宜作为水泥包装袋。

A．纸袋　　B．复膜塑编袋　　C．麻袋　　D．纸塑复合袋

（4）适合生皮的储存温度为（　　），相对湿度为（　　）。

A．5～15℃　60%～70%　　B．0～10℃　70%～80%
C．20～30℃　70%～80%　　D．10～25℃　50%～60%

（5）生橡胶适合储存在（　　）的库房中。

A．0～10℃　　B．10～35℃　　C．0～25℃　　D．10～50℃

3. 多项选择题

（1）茶叶的性质有（　　）。

A．吸湿性　　B．溶解性　　C．散发异味　　D．陈化性

（2）（　　）可作为茶叶的包装容器。

A．塑料编织袋　　B．纸箱
C．布袋　　D．木箱

（3）食糖结块的原因有（　　）。

A．干燥结块　　B．压实结块　　C．受热结块　　D．受冻结块

（4）按用途的不同，玻璃制品可分为（　　）。

A．包装用玻璃制品　　B．建筑用玻璃制品
C．日用玻璃制品　　D．技术用玻璃制品

（5）（　　）属于塑料材料制品。

A．人造革　　B．合成革　　C．硫化橡胶　　D．玻璃钢

（6）按品种的不同，棉花可分为（　　）。

A．细绒棉　　B．短绒棉　　C．长绒棉　　D．粗绒棉

4. 简答题

（1）简述酒的分类。

（2）简述运输茶叶的要求。

（3）简述包装食糖的要求。

（4）简述储存化肥的要求。

（5）简述棉花的包装方法。

（6）简述橡胶的性质。

请进行学习成果评价，并将评价结果填入表 5-5 中。

表 5-5　学习成果评价表

评价项目	评价内容	分值	评价分数	
			自评	师评
知识（40%）	酒、茶叶、食糖的分类和性质	5		
	酒、茶叶、食糖的包装、运输与储存要求	8		
	金属及其制品、玻璃及其制品、塑料及其制品、化肥、水泥的分类和性质	5		
	金属及其制品、玻璃及其制品、塑料及其制品、化肥、水泥的包装、运输与储存要求	9		
	棉花、生皮、纺织品、橡胶的分类和性质	5		
	棉花、生皮、纺织品、橡胶的包装、运输与储存要求	8		
技能（40%）	能够合理包装、运输、储存酒、茶叶和食糖	12		
	能够合理包装、运输、储存金属及其制品、玻璃及其制品、塑料及其制品、化肥和水泥	15		
	能够合理包装、运输、储存棉花、生皮、纺织品和橡胶	13		
素养（20%）	乐于学习，勤于学习，善于学习	5		
	具备团队精神，积极与人合作	5		
	严谨细致，精益求精	5		
	挖掘创新潜能，提高创新能力	5		
合计		100		
总评（自评×40%+师评×60%）			老师签名：	

项目六

特殊货物

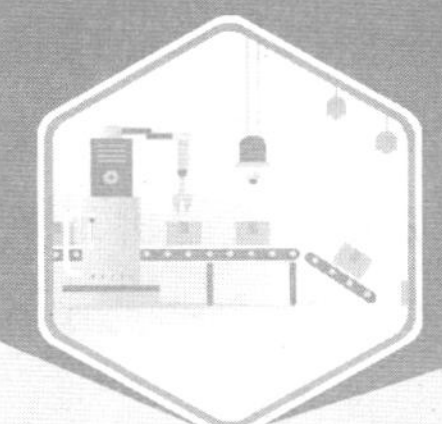

项目引言

特殊货物是相对于普通货物而言的，因其具有特殊性质，所以在包装、运输、储存等物流活动中有特殊要求。物流作业人员在包装、运输与储存特殊货物的过程中，应严格遵守相关作业标准，以免造成货损甚至安全事故。本项目主要介绍超限货物、鲜活货物、危险货物等特殊货物的相关知识。

知识目标

✓ 了解超限货物的特点和分类，掌握超限货物的运输要求。
✓ 了解易腐货物的分类和储运条件，掌握易腐货物的包装、运输与储存要求。
✓ 了解有生动植物与物流活动有关的特性，掌握有生动植物的运输要求。
✓ 了解危险货物的分类，掌握危险货物的包装、运输与储存要求。

素质目标

✓ 学习特殊货物的包装、运输与储存要求，培养负责任的工作态度。
✓ 学习“货车违法超限运输致高速桥侧翻”案例，增强守法意识和安全意识，筑牢安全防线。

任务一 了解超限货物

任务导入

图 6-1 变压器

小徐不久前入职 YR 物流公司，其工作岗位为仓储运输部超限运输车驾驶岗。日前，YR 物流公司承运了一台大型变压器（见图 6-1），小徐负责完成此次运输任务。

在运输途中，小徐始终按照指定的时间、路线和速度驾驶货车。当通行桥梁时，他始终保持匀速居中行驶；当需要临时停车时，他停好货车后，及时在车辆周边设置警告标识。最终，他顺利完成了此次运输任务，并获得了公司的嘉奖。

问题：

（1）什么是超限货物？超限货物具有哪些特点？

（2）当通过公路运输超限货物时，在运输途中应满足哪些要求？

一、超限货物的特点

（一）笨重性

大多数超限货物由金属制成，其明显特点就是笨重。一般而言，超限货物重量大、体积大，装运较困难。在装运超限货物的过程中稍有不慎，就会导致货物和运输工具受损，甚至危及物流作业人员的安全。

（二）局部脆弱性

超限货物的某些部位较为脆弱，极易因装卸、配载不当而损坏，如重型汽车的车灯、大型机械设备的仪表等。在装卸、配载超限货物前，物流作业人员应认真查看货物运单，熟悉超限货物的实际重量、尺寸和特性，以便充分做好准备工作，减少货损和安全事故的发生。

二、超限货物的分类

（一）按实际特点分类

按实际特点的不同，超限货物可分为以下几类：

（1）钢铁制品类：如钢板卷（见图 6-2）等。这类超限货物一般单件重量大（少数甚至可重达 35 t 左右），多数无外包装，通常堆放在货场上。

（2）运输工具类：如机车和大型平板车（见图 6-3）等。这类超限货物形状各异，单件平均重量达 20～30 t，长度一般在 20 m 左右，多数无外包装，通常停放在货场上。

图 6-2 钢板卷

图 6-3 大型平板车

（3）成套设备类：如炼钢炉、发电机（见图 6-4）、蒸馏塔（见图 6-5）等。这类超限货物单件重量多在 10 t 以下，也有少数重量可超过 200 t，多数用大木箱包装，满足一定条件的应储存于库房中，体积较大的宜存放在货场上，并应妥善加盖篷布。

图 6-4 发电机

图 6-5 蒸馏塔

（4）其他货物类：如桥梁板、大型集装箱、长条木材等。这类超限货物大多形状不规则，单件重量、长度或体积较大，一般只能存放在货场上。

课堂活动

你在日常生活中见过哪些超限货物？这些货物具有哪些特点？在储运过程中可能需要注意哪些事项？

（二）按有无运输包装分类

按有无运输包装，超限货物可分为以下两类：

（1）包装超限货物：是指加有运输包装、形状规则的超限货物。这类超限货物常用大木箱或木架包装，包装底部一般为厚实的粗方木，能够保证超限货物的安全。

（2）裸装超限货物：是指不加运输包装、形状不规则的超限货物。运输这类超限货物时常需拆除部分构件，以免其占用过多装载空间或在运输过程中受损。物流作业人员应对这些被拆卸下来的构件另外进行包装，并妥善保管。

知识拓展

超限货物的其他分类

1. 铁路运输中超限货物的分类

在铁路运输中，按超限部位所在高度的不同，超限货物可分为以下三类：

（1）上部超限货物：是指自轨面起高度超过 3 600 mm，任何部位超限的货物。

（2）中部超限货物：是指自轨面起高度在 1 250～3 600 mm，任何部位超限的货物。

（3）下部超限货物：是指自轨面起高度在 150～1 250 mm，任何部位超限的货物。

2. 公路运输中超限货物的分类

在公路运输中，按尺寸和重量的不同（按长度、宽度、高度和重量四个要素中等级最高的确定），超限货物可分为四类，如表 6-1 所示。

表 6-1　公路运输中超限货物的分类

类型	货物长度/m	货物宽度/m	货物高度/m	货物重量/t
一级超限货物	14≤长度＜20	3.5≤宽度＜4.5	3≤高度＜3.8	20≤重量＜100
二级超限货物	20≤长度＜30	4.5≤宽度＜5.5	3.8≤高度＜4.4	100≤重量＜200
三级超限货物	30≤长度＜40	5.5≤宽度＜6	4.4≤高度＜5	200≤重量＜300
四级超限货物	长度≥40	宽度≥6	高度≥5	重量≥300

三、超限货物的运输

（一）超限货物运输的特殊性

基于超限货物的特点，其运输与一般货物运输有所不同，主要表现在以下几个方面：

（1）选择受限。超限货物的体积或重量较大，超出标准规格，必须使用特殊的装卸搬运设备和运输工具进行装运。

（2）运输成本高。由于运输超限货物时需要投入更多的人力和物力，因此超限货物的运输成本较高。例如，当用飞机运输体积较大的超限货物时，要按规定使用网套固定货物，操作较复杂，需要耗费较多的人力和物力。

（3）安全隐患大。由于超限货物较为笨重，因此在装运过程中容易发生事故，给交通安全、货物安全、人身安全带来较大隐患。

（4）申请手续复杂。运输超限货物前，承运人要向相关部门提出申请，取得超限运输许可，手续较为复杂。

（二）超限货物运输的要求

1．铁路运输要求

1）资料要求

托运人托运超限货物时，除应提交办理一般货运手续所需的资料外，还应提交以下资料：

（1）“超限货物托运说明书”（见表 6-2）和货物外形的三视图（图中应标明货物的有关尺寸、支重面长度、重量，并以“＋”标明重心位置）。

表 6-2　超限货物托运说明书

<table>
<tr><td colspan="2">发局</td><td colspan="2"></td><td>到局</td><td colspan="2"></td><td colspan="4">预计装后尺寸/mm</td></tr>
<tr><td colspan="2">发站</td><td colspan="2"></td><td>到站</td><td colspan="2"></td><td colspan="2" rowspan="3">由轨面起高度</td><td colspan="2">由车辆纵中心线起</td></tr>
<tr><td colspan="2">装车地点</td><td colspan="2"></td><td>卸车地点</td><td colspan="2"></td><td rowspan="2">左宽</td><td rowspan="2">右宽</td></tr>
<tr><td colspan="2">品名</td><td colspan="2"></td><td>件数</td><td colspan="2"></td></tr>
<tr><td colspan="2">每件重量</td><td></td><td>总重量</td><td></td><td>重心位置</td><td></td><td>中心高</td><td></td><td></td><td></td></tr>
<tr><td colspan="2">货物长度</td><td colspan="2"></td><td>支重面长度</td><td colspan="2"></td><td>侧高</td><td></td><td></td><td></td></tr>
<tr><td rowspan="4">高度</td><td>中心高</td><td></td><td rowspan="4">宽度</td><td colspan="2">左</td><td>右</td><td>侧高</td><td></td><td></td><td></td></tr>
<tr><td>侧高</td><td></td><td colspan="2">左</td><td>右</td><td>侧高</td><td></td><td></td><td></td></tr>
<tr><td>侧高</td><td></td><td colspan="2">左</td><td>右</td><td>侧高</td><td></td><td></td><td></td></tr>
<tr><td>侧高</td><td></td><td colspan="2">左</td><td>右</td><td>侧高</td><td></td><td></td><td></td></tr>
</table>

（续表）

<table>
<tr><td>要求使用车种</td><td></td><td>标记载重</td><td></td><td>侧高</td><td></td><td></td><td></td></tr>
<tr><td>卸车时的要求</td><td colspan="3"></td><td></td><td></td><td></td><td></td></tr>
<tr><td rowspan="4">其他要求</td><td rowspan="4" colspan="3"></td><td colspan="3">车地板高度</td><td></td></tr>
<tr><td colspan="3">垫木、支架
（座架）或转向架高度</td><td></td></tr>
<tr><td colspan="3">预计装在车上货物
重心位置距轨面的高度</td><td></td></tr>
<tr><td colspan="3">重车重心高度</td><td></td></tr>
</table>

注：粗线栏内由铁路填记。

发货单位＿＿＿＿＿＿＿＿＿＿＿＿戳记　　　　＿＿＿＿年　　月　　日提出

（2）对于自轮运转货物（即无须装进列车车厢，能依靠自有轮对在铁轨上运行的货物），应提供自重、长度、轴数、轴距、固定轴距、转向架中心销间距离、运行限制条件等数据和“过轨技术检查合格证”。

（3）申请使用的车种、车型、车数和装载加固建议方案。

（4）对于超出承运人计量能力的货物，由托运人确定货物重量，并提供货物生产厂家出具的货物重量证明文件；货物生产厂家具备货物称重计量条件的，由托运人提供经厂家计量衡器（如秤、天平等）称重的货物重量数据。

释疑解惑

在货物生产厂家出具的货物重量证明文件上，重量数据应为货物处于运输状态时的重量。若重量数据不含加固材料和装置的重量，必须单独注明。

（5）其他规定的资料。

2）装车作业要求

超限货物装车前，承运人应做好以下几点：

（1）通知车辆部门检查车辆技术状态。

（2）确认拟使用的车种、车型、车数符合确认电报和装车要求，加固材料和装置的规格、数量、质量符合装载加固方案的规定。

释疑解惑

中国铁路总公司接到超限货物运输申请电报后，会向各有关单位发布确认电报，明确装运办法。确认电报的主要内容包括：①发站、经由、到站；②货物概况；③使用车种、车型、车数；④装载方法；⑤货物装后尺寸；⑥装运办法。

（3）测量车地板的长度、宽度和高度，在负重车上标画车辆纵横中心线。

（4）在货物上标明重心位置（投影）、索点。

（5）开好车前会，向装车作业人员说明装车事项。

超限货物装车时，承运人应派超限运输和装载加固专业技术人员到装车现场进行指导。装载和加固作业必须严格按照装载加固方案进行。

超限货物装车后，承运人必须检查、确认货物装载加固情况符合要求。重点检查、确认以下几项：

（1）货物的实际装载位置，使用的加固材料和装置的规格、数量、质量，加固方法、加固措施、加固质量符合装载加固方案的要求。

（2）车辆转向架任何一侧的旁承游间不得为零（结构规定为常接触式旁承的货车除外）。

释疑解惑

旁承是列车上的重要装置，主要用来增加列车的容积，协助转向架转动，确保列车运行平稳。

旁承游间是指列车上下旁承之间的间隙。设置旁承游间是为了使列车在通过曲线路段时，转向架可以自由转动，以减少车轮轮缘与铁轨的摩擦，从而确保列车顺利通过曲线路段。

（3）垫木、支架（座架）等加固装置状态良好，完好无损。

（4）钢丝绳等加固线已采取防磨措施，捆绑拴结牢固，拴结点无损坏。

（5）焊接处焊缝的长度、高度符合规定，焊接质量良好。

（6）跨装车组连接处的提钩杆捆绑牢固，车钩缓冲停止器（见图 6-6）已按规定安装。

（7）对于带有制动装置、变速器和旋转装置的货物，制动装置全部制动，变速器置于初速位置，旋转装置锁定牢固。

图 6-6　车钩缓冲停止器

（8）自轮运转货物的动力传动装置已断开（机车除外），制动手柄在重联位置并固定良好。

确认超限货物的装载加固情况符合要求后，承运人应用颜色醒目的油漆标画易于判定货物是否移动的检查线，在货物两侧明显处以油漆书写或刷印“×级超限、×级超重”，或挂牌标识，并按规定在车辆上插挂货车标识牌。

3）途中检查要求

对超限车进行途中检查是确保超限货物运输安全的重要措施。承运人应按以下内容检查超限车，并在“超限运输记录表”上记录，确认检查结果：①“超限运输记录表”是否填写完整；② 货物两侧明显位置是否有超限、超重等级标识；③ 货物上是否标画有检查线，货物装载加固情况是否良好，加固装置是否松动或损坏。

释疑解惑

超限车是指装有超限货物的铁路车辆、车体尺寸（含计算宽度）超出机车车辆界限基本轮廓的铁路车辆和自轮运转设备。

4）列车运行要求

挂有超限车的列车运行在双线、多线或并行单线的直线地段与邻线列车会车时，应满足以下要求：

（1）邻线列车运行速度小于或等于 120 km/h 的，两运行列车之间的最小距离大于 350 mm 时不限速，处于 300～350 mm 时运行速度不得超过 30 km/h，小于 300 mm 时禁止会车。

（2）邻线列车运行速度大于 120 km/h 且小于或等于 160 km/h 的，两运行列车之间的最小距离大于 450 mm 时不限速，处于 400～450 mm 时运行速度不得超过 30 km/h，小于 400 mm 时禁止会车。

（3）邻线列车运行速度大于 160 km/h 的，由铁路运输企业根据实际情况确定会车条件。

挂有超限车的列车在运行过程中，当超限货物的任何部位接近建筑物或设备时，应满足以下要求：

（1）超限货物的任何超限部位与建筑物或设备之间的距离（以下简称“限界距离”）大于 150 mm 且小于 200 mm 时，运行速度不得超过 25 km/h。

（2）限界距离为 100～150 mm 时，运行速度不得超过 15 km/h。

（3）限界距离不足 100 mm 时，由铁路运输企业根据实际情况确定运行速度。

2. 公路运输要求

1）资料要求

超限运输车辆上路前，承运人应按照相关规定向公路管理机构申请公路超限运输许可。申请公路超限运输许可时，承运人应提交以下资料：

（1）公路超限运输申请表：主要内容包括货物的名称、外廓尺寸和重量，车辆的厂牌型号、整备重量、轴数、轴距和轮胎数，载货时车货总体的外廓尺寸、总重量、各车轴轴荷，拟运输的起讫点、通行路线和行驶时间等。

（2）承运人的道路运输经营许可证（见图 6-7），经办人的身份证件和授权委托书。

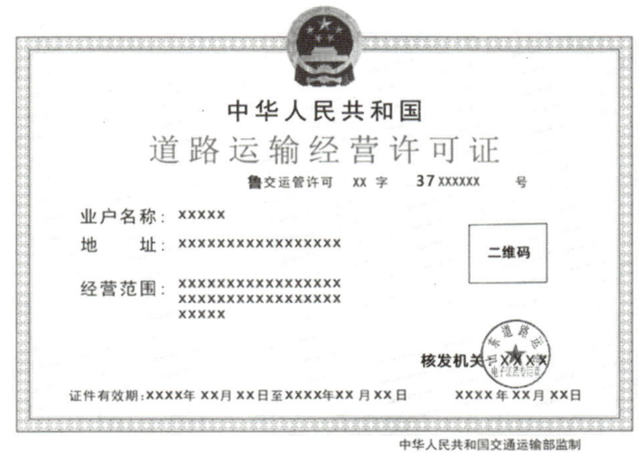
中华人民共和国
道路运输经营许可证
鲁交运管许可 XX 字 37 XXXXXX 号
业户名称：XXXXX
地　　址：XXXXXXXXXXXXXXXXX
经营范围：XXXXXXXXXXXXXXXXX
XXXXXXXXXXXXXXXXX
XXXXX
二维码
核发机关：XXXX
证件有效期：XXXX年 XX月 XX日至XXXX年XX 月XX日
XXXX 年 XX月 XX日
中华人民共和国交通运输部监制

图 6-7　道路运输经营许可证

（3）车辆行驶证或者临时行驶车号牌。

释疑解惑

车货总高度从地面算起超过 4.5 m，或者总宽度超过 3.75 m，或者总长度超过 28 m，或者总重量超过 100 t，或者存在其他可能严重影响公路完好、安全、畅通情形的，承运人还应提交记录载货时车货总体外廓尺寸信息的轮廓图和护送方案。

护送方案应包含护送车辆配置方案、护送人员配备方案、护送路线情况说明、护送操作细则、异常情况处理等相关内容。

2）货车运行要求

经批准进行超限货物运输时，应满足以下要求：

（1）采取有效措施固定货物，按照有关要求在车辆上悬挂明显标志，保证运输安全。

（2）按照指定的时间、路线和速度行驶。

（3）驾驶车货总重量超限的车辆通行桥梁时，应匀速居中行驶，避免在桥上制动、变速或者停驶。

（4）需要在公路上临时停车时，除应遵守有关道路交通安全规定外，还应在车辆周边设置警告标识，并采取相应的安全防范措施；需要较长时间停车或者遇到恶劣天气时，应驶离公路，就近选择安全区域停靠。

（5）通行采取加固、改造措施的公路时，应提前通知该公路设施的养护管理单位，由其加强现场管理和指导。

公路运输钢板卷的注意事项

（6）因自然灾害或者其他不可预见因素而出现公路通行状况异常致使车辆无法继续行驶时，应服从现场管理并及时告知做出行政许可决定的公路管理机构，由其协调当地公路管理机构采取相关措施后继续行驶。

同步案例

货车违法超限运输致高速桥侧翻

某日，一个由3辆牵引车和2辆挂车组成的、运输大型换流变压器的超限运输车组在途经某高速桥时，发现桥面正在实施养护作业。该车组不顾劝阻强行冒险通行，而且偏离了桥梁纵向中心线，导致桥梁侧翻后砸中桥下正常行驶的小轿车。随后，涉事车组、货物和桥面人员全部坠桥。此次事故共造成4人死亡、8人受伤，直接经济损失达3 017.82万元。

经调查，此次事故发生的主要原因如下：

（1）涉事车组的车货总重量达521.96 t（货物自重为291 t），最大轴载达32.1 t，车组总长度达67.67 m，载荷轴荷超过限定标准，属于违法超限运输。

（2）起运前，承运人采用“以小充大”的方式，用虚假材料骗取到“超限运输车辆通行证”。

（3）在运输途中，涉事车组未按许可路线行驶，且未按要求落实护送措施。

（4）通行至事发路段桥梁前，涉事车组未主动向相关部门报告，发现桥面实施养护作业时仍强行通过。

（5）涉事车组未按规定在桥面居中行驶，偏离桥梁纵向中心线，导致桥梁失稳、侧翻。

事故发生后，相关部门积极开展调查工作，依法对15名涉事人员采取了刑事措施，并对其他相关人员给予了行政处罚。

3. 水路运输要求

用船舶运输超限货物时，应满足以下要求：

（1）当货物数量较多时，应考虑集中积载与分散积载的问题。集中积载会使船体受力不均，分散积载会增加租用港口起重设备（如龙门吊，见图6-8）的费用。

图6-8　龙门吊

释疑解惑

积载是指根据船舶的承受能力和货物特点，对已装上船的货物进行合理配置与堆放的作业活动。

（2）在选择货物积载位置和具体积载方法时，应考虑装卸时的安全性与便利性。对于重达上百吨的超限货物，在选择积载位置时，还应考虑货物装卸到位或离位时船舶横倾的严重性。

（3）当在舱面上积载超限货物时，除应考虑甲板的载重能力外，还应考虑以下问题：① 舱面上的加固条件如何；② 是否需要拆除舱面上的部分设施；③ 积载超限货物后是否会影响舱面上的正常作业。

（4）当有部分超限货物要在中途港口卸载时，应满足以下要求：① 若这些货物积载于舱面上，则应将其均匀、对称地置于甲板左右两侧；② 若这些货物积载于舱内，则应将其置于舱口部位。

（5）将装卸作业安排在白天进行。当船舶倾斜较严重或遇到大风浪时，应停止装卸作业。在任何情况下，严禁将超限货物从船体的上层建筑上越过，严禁起重设备快速作业和突然停止作业。

（6）货物装船后，应及时对其进行捆绑加固；对于在舱面上积载的裸装货物，还应用油布苫盖。

知识拓展

超限货物在船舶上的捆绑加固

船舶在航行中可能受到风浪的影响而剧烈摇晃，从而导致超限货物随船摇摆。如果捆绑加固不牢，超限货物极易发生位移，轻则会导致货物与船舶相撞，进而导致货损和船体受损，重则会导致船舶倾覆。因此，对超限货物进行捆绑加固是一项不可忽视的工作。

捆绑加固的方法有垫、堵、支撑、系扎和焊接等，通常综合使用。在捆绑加固超限货物时，应满足以下要求：

（1）正确选择捆绑索具。捆绑索具有钢索（见图 6-9）、钢链、纤维绳等，可配合张紧器（见图 6-10）、卸扣（见图 6-11）等一起使用。其中，钢索具有强度高、耐磨损、弹性大、易收紧等优点，使用较普遍；其他捆绑索具可视超限货物的性质选用。

图 6-9　钢索

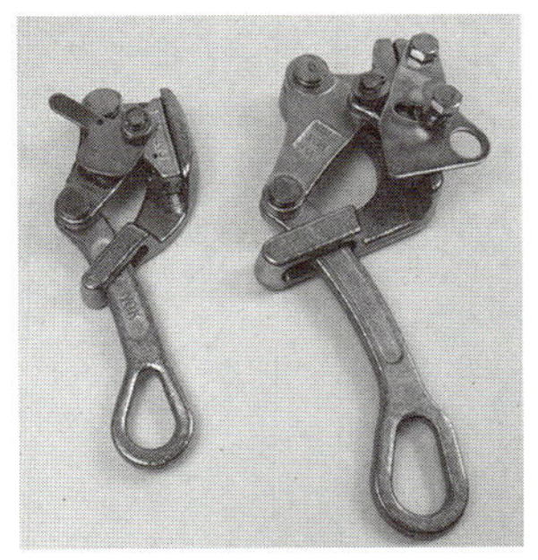

图 6-10　张紧器

图 6-11　卸扣

（2）捆绑加固货物后，应确保货物既不松动，又易解开，从而保证发生危险时，能立即松绑。

（3）尽量减小捆绑角度，以增加捆绑索具的拉力。

（4）在捆绑索具与货物接触处加铺衬垫物，以防止磨损、压损。

（5）除对单件货物本身进行捆绑加固外，必要时还应在不同货物间进行连接加固，以防货物相互碰撞。

同步实训

制订超限货物运输方案

实训步骤

（1）全班学生自由分组，每组 3～5 人，并选出一名小组长。

（2）小组长从变压器、发电机、机车、长条木材、钢板卷等超限货物中选择一种货物，组织小组成员，结合本任务所讲知识并搜集相关资料，为该货物制订合适的运输方案，然后将相关信息填入表 6-3 中。

表 6-3　超限货物运输方案

货物名称	货物特点（尺寸、重量等）	运输方式	运输工具特点（厂牌型号、载重能力等）	运输要求

（3）老师对学生所填内容进行点评。

任务二 了解鲜活货物

任务导入

日前，YR物流公司的冷库有一批易腐货物——结球生菜入库。入库前，物流作业人员查验了该批结球生菜的外观、数量和中心温度，确认其符合入库要求。入库后，物流作业人员将该批结球生菜堆放在库门附近，并做好衬垫工作，避免结球生菜直接与地面接触。结球生菜在库期间，物流作业人员定期检测仓库内的温湿度，确保温度在0～1℃，相对湿度在95%～98%，以满足结球生菜的储存要求。

然而，尽管做了以上工作，不久后，该批结球生菜还是出现了腐烂现象。

问题：

（1）什么是易腐货物？易腐货物可分为哪些类型？

（2）上述案例中的结球生菜为什么会腐烂？储存易腐货物时，应满足哪些要求？

一、易腐货物

（一）易腐货物的分类

按品类的不同，易腐货物可分为畜禽肉、动物油脂、水产品、豆制品（见图6-12）、蛋及其制品、乳及其制品（见图6-13）、新鲜水果和新鲜蔬菜等。按适宜储存温度的不同，易腐货物可分为冻结性易腐货物（如冻肉、冻鱼、冰蛋等）和非冻结性易腐货物（如新鲜水果、新鲜蔬菜、鲜蛋等）。

图6-12 豆制品

图6-13 乳及其制品

（二）易腐货物的储运条件

储运环境的温度条件、湿度条件、通风条件和卫生条件，都会对易腐货物的质量产生直接影响。

1. 温度条件

从抑制微生物繁殖的角度而言，储运温度越低越好。然而，某些易腐货物冷冻后，其细胞膜会遭到破坏，且不能恢复原状，所以不能一味地降低储运温度。例如，新鲜水果的储运温度过低时，其组织结构会遭到破坏，从而导致其抗病性、耐藏性下降。又如，鲜蛋的储运温度过低，不仅会导致蛋壳破裂，也易使微生物侵入鲜蛋内部，从而造成货损。因此，不同的易腐货物适合不同的储运温度。例如，冻肉的适宜储存温度为−20℃以下，适宜运输温度为−18℃；芹菜的适宜储存温度为−1～0℃，适宜运输温度为0～3℃。

储运易腐货物时，除要求储运温度适宜外，还要求保持温度的稳定。因为温度忽高忽低，不仅会让微生物有机可乘，还会导致易腐货物失去原有的风味和营养价值。

2. 湿度条件

湿度过低或过高都不利于保持易腐货物的质量。湿度过低，会加快易腐货物的干耗速度，破坏其所含维生素和其他营养成分的活性，削弱其抗病能力；湿度过高，会促进微生物生长与繁殖，从而加速易腐货物的腐败变质。

知识拓展

常见蔬菜的适宜储运温湿度

根据《易腐食品冷藏链技术要求 果蔬类》(SB/T 10728—2012)，常见蔬菜的适宜储运温湿度如表6-4所示。

表6-4 常见蔬菜的适宜储运温湿度

蔬菜名称		储存温度/℃	运输温度/℃	相对湿度/%
根茎菜类	胡萝卜	0～1	0～3	95～98
	土豆	3～5	5～7	80～85
	大蒜	−2～0	0～3	70～75
叶菜类	结球生菜	0～1	0～3	95～98
	尖叶型菠菜	−1～0	0～3	95～98
	大白菜	0～1	0～3	90～95
瓜菜类	丝瓜	8～10	8～10	85～90
	冬瓜	12～15	13～15	65～70
	黄瓜	12～13	12～13	90～95

（续表）

蔬菜名称		储存温度/℃	运输温度/℃	相对湿度/%
茄果类	甜玉米	0～1	0～3	90～95
	青椒	9～10	9～12	90～95
	茄子	10～12	11～13	85～90
花菜类	白菜花	0～1	0～3	95～98
	青花菜	0～1	0～3	95～98
食用菌类	香菇	0～1	0～3	95～98
	平菇	0～1	0～3	95～98
	金针菇	1～2	1～3	95～98
菜用豆类	豇豆	9～10	9～12	90～95
	扁豆	8～10	8～10	90～95
	豌豆	0～1	0～3	90～95

3. 通风条件

新鲜蔬菜、新鲜水果等易腐货物在储运过程中会不断挥发出水分和二氧化碳。为了使储运环境保持适宜的相对湿度和二氧化碳浓度，在储运易腐货物时需要通风换气。需要注意的是，通风对温度有直接影响。当外界环境温度较高时，通风后仓库（车厢、货舱）内的温度也会相应提高。因此，储运易腐货物时宜在夜间通风。此外，还需要注意通风时间。通风时间过短，起不到换气的作用；通风时间过长，会对仓库（车厢、货舱）内的温湿度和货物质量产生不良影响。

4. 卫生条件

易腐货物大多数是食品。储运环境的卫生条件较差，容易使食品腐败变质。同时，食品受到尘土、有毒有害物质等污染后，其质量也会下降，甚至完全失去食用价值。因此，在储运易腐货物的过程中，保持环境卫生十分重要。

（三）易腐货物的包装

包装易腐货物时，应做好以下工作：

（1）根据易腐货物的类型、形状、特性与周围环境的影响合理选择包装方案，确保易腐货物在物流活动中的质量和卫生安全。

（2）确保运输包装的尺寸与周转箱、托盘、货架、叉车、冷藏车（见图 6-14）、冷藏集装箱、冷藏船、冷藏列车等设备相匹配。

图 6-14　冷藏车

（3）包装农产品（如水果、蔬菜、畜禽肉、水产品、蛋等）时，应选用符合《农产品物流包装材料通用技术要求》（GB/T 34344—2017）中规定的包装材料。

（4）包装不耐压的易腐货物时，应在包装内加支撑物或柔软的衬垫物；包装易失水的易腐货物时，应在包装内加能够吸湿的衬垫物。支撑物和衬垫物应符合相关食品安全卫生要求。

（四）易腐货物的运输

1. 运输工具要求

（1）使用具备温控能力和良好的防冻、隔热、保温性能的专用运输工具。

（2）在运输工具的醒目位置标示安全注意事项。

（3）保持运输工具厢（舱）体清洁、无毒、无害、无异味、无污染，内壁平整光滑。

（4）在运输工具厢（舱）体内配置具有异常报警功能的测温设备（见图 6-15），对运输过程中厢（舱）体内的温度进行实时监测和记录。

图 6-15　测温设备

常见易腐货物运输的注意事项

（5）在运输工具厢（舱）门处加装隔热装置。

（6）定期检查、保养、校验运输工具的制冷系统和测温设备。若发现异常，则应立即停止使用，并及时进行维修。

2. 装载要求

1）装载前

装载易腐货物前，应做好以下准备工作：

（1）对运输工具厢（舱）体内壁进行清洁、消毒（视情况而定），并对运输工具进行检查，确认制冷系统、除霜系统状态良好，测温设备工作正常。

（2）对运输工具厢（舱）体进行预冷。当厢（舱）体内温度达到易腐货物的装载要求时，方可开展装载作业。

（3）检测并记录货物在装载前的温度。若温度不达标，则应及时通知管理人员和货主，与其协商处理措施。

2）装载时

装载易腐货物时，应做好以下工作：

（1）按照不同的目的地，依据“后卸先装”“重下轻上”“大不压小”的原则进行装载，切忌倒置。

（2）不得将易腐货物与有毒、有害、有异味、有腐蚀性、有污染性的食品和非食品类货物混装，不得将运输温度要求不同的货物混装。

（3）使用多温区运输工具拼装时，不得将具有浓烈气味、容易吸收异味或需要单独存放的货物在同一温区混装。

（4）码放货物时，应确保货垛紧密、稳固，必要时可使用支架、栅栏等装置进行固定。

（5）在货物与运输工具厢（舱）体四壁之间留有适当空间，确保货垛高度不超过制冷机组出风口下沿。此外，还应使对低温敏感的易腐货物远离出风口。

（6）装载作业因故中断时，应立即关闭运输工具厢（舱）门，并开启制冷系统。

3. 在途温控要求

（1）运输过程中不应擅自打开运输工具厢（舱）门和货物的包装。

（2）确保运输工具厢（舱）体内的温度始终保持在易腐货物要求的范围内。

（3）确保测温设备的记录间隔不超过 5 min。

4. 卸货要求

（1）卸货区宜配备封闭式月台，并配有与运输工具对接的密封装置。

（2）卸货前，应检测并记录货物的温度。若温度不达标，则应及时通知管理人员和货主，与其协商处理措施。

（3）卸货时，应轻拿轻放，切忌野蛮作业，且不得让货物直接接触地面。

（4）卸货过程中，应确保货物中心温度不高于或低于规定温度的 3℃以上。

（5）卸货作业因故中断时，应立即关闭运输工具厢（舱）门，并开启制冷系统。

（6）卸货作业结束后，应及时对运输工具厢（舱）体进行清洗、通风、消毒（视情况而定），并在晾干后关闭厢（舱）门。

同步案例

A 公司诉 C 火车站易腐货物腐败变质案

4 月 25 日，A 公司与 B 火车站签订了铁路货物运输合同，约定由 B 火车站承运 A 公司的一整车雪梨（共 2 400 件，重达 40 t，价值为 64 500 元），发往 C 火车站。A 公司在货物运单托运人记事栏中注明“在 1～6℃的条件下，保质期可达 15 天”，向 B 火车站支付运费 1 935 元，并向 D 保险公司投保货物运输险 7 万元；B 火车站在货物运单上注明“易腐货物”，并于当日将该批雪梨装入 P 号棚车，同时约定货物运到期限为 11 天。

5 月 14 日，该批雪梨到达 C 火车站。5 月 15 日，C 火车站卸货时发现有 2 293 件雪梨已腐烂变质，剩余 107 件雪梨完好无损。随后，C 火车站编制了货物记录，载明：“B 火车站发 C 火车站整车雪梨，两侧车门螺栓拧紧，开门后车厢内有腐臭味，雪梨纸箱外有不同程度的湿迹。开检后见内装物腐烂变质严重，卸后清点整理。完好货物有 107 件，其余全部腐烂变质，车地板有长 9 m、宽 2 m 的湿迹。”同时，C 火车站编制了货运事故查复书，载明：“货物腐烂变质不属铁路运输企业（包括发站、到站、中途各站）责任，请 D 保险公司核赔，联系收货人与保险公司接洽处理。”

收货人将雪梨损失的情况告知 A 公司，于是 A 公司向 D 保险公司索赔。D 保险公司调查后以货损责任方为铁路运输企业为由，拒不赔偿。C 火车站以保险公司已接洽处理为由，未予赔偿。A 公司遂将 C 火车站起诉至法院。

法院经审理认为，雪梨腐烂变质的主要责任方是铁路运输企业。雪梨为易腐货物，一般应用棚车（见图 6-16）运输，适宜的运输温度为 1～6℃。而该批雪梨是用非控温车辆——棚车运输的，且途经地区的平均气温高达 15℃。此外，该案中的铁路运输企业未按约定时间将雪梨运送到目的地，逾期 10 天才将雪梨交付给收货人。运输温度过高，再加上运输时间过长，必然导致雪梨腐败变质。因此，该案中的铁路运输企业应承担违约赔偿责任。

图 6-16　棚车

（五）易腐货物的储存

1. 入库要求

（1）入库前，应确保冷库和作业工具、作业环境满足食品安全卫生要求。

（2）入库验收时，除应查验货物的外观、数量外，还应查验货物的中心温度。若不符合要求，则应拒收。

2. 在库要求

（1）按照货物的类型、规格、入库时间等分库或分库位储存。不得将具有浓烈异味、温湿度要求差异大、需经特殊处理、容易交叉污染的货物混储。

（2）按照《冷库管理规范》（GB/T 30134—2013）中的有关规定进行堆码。不得让货物直接接触地面，且不得将其堆码于库门附近或人员出入频繁的区域。

释疑解惑

对易腐货物进行堆码时，应保持货垛稳固并留有空隙，以便于空气流通，从而维持仓库内温度的均匀性。具体而言，易腐货物的堆码间距应满足以下要求：① 距冻结物冷藏间顶棚不小于 0.2 m；② 距冷却物冷藏间顶棚不小于 0.3 m；③ 距顶排管下侧不小于 0.3 m；④ 距顶排管横侧不小于 0.2 m；⑤ 距无排管的墙不小于 0.2 m；⑥ 距墙排管外侧不小于 0.4 m；⑦ 距风道不小于 0.2 m；⑧ 距冷风机周边不小于 1.5 m。

（3）及时将货物置于库位上，并进行存量记录。记录内容包括但不限于货物的批号、数量、生产日期、保质期、入库时间、入库温度、储存期间温度变化和货位标签等，记录应保留至相关货物保质期后的半年。

（4）确保仓库内的温湿度满足货物的储存要求，并保持稳定。正常情况下，仓库内温度的波动范围不应超过 2℃；货物出入库时，仓库内温度的波动范围不应超过 3℃。

（5）在储存期间，应定期监测仓库内的温湿度。仓库内温湿度监测装置的记录间隔应不超过 30 min，超出允许的波动范围应报警。

（6）根据不同货物的需要，适当对冷库进行通风换气。

（7）定期进行货物盘点，核对货物明细，查验货物质量。若发现异常货物，则应将其单独存放，做好标示，并立即通知管理人员和货主。

二、有生动植物

（一）有生动植物与物流活动有关的特性

（1）有生动植物是具有生命力的货物。在储运过程中，物流作业人员需要为有生动植物提供维持其生理活动所必需的条件，如阳光、水分、饲料和活动场所等。

（2）动物在储运过程中可能出现增重或减重现象，植物在储运过程中可能出现枯萎或凋零现象。

（3）有生动植物在储运过程中可能感染和传播疫病，从而危害其他有生动植物和物流作业人员的健康。因此，运输有生动植物，需要持有检疫证明（如动物检疫合格证明，见表 6-5）。

表 6-5　动物检疫合格证明

编号：

<table>
<tr><td colspan="2">货主</td><td colspan="3"></td><td>联系电话</td><td colspan="2"></td></tr>
<tr><td>动物种类</td><td colspan="2"></td><td>数量及单位</td><td colspan="2"></td><td>用途</td><td></td></tr>
<tr><td colspan="2">起运地点</td><td colspan="6">市（州）　县（市、区）　乡（镇）　村
（养殖场、交易市场）</td></tr>
<tr><td colspan="2">到达地点</td><td colspan="6">市（州）　县（市、区）　乡（镇）　村
（养殖场、屠宰场、交易市场）</td></tr>
<tr><td colspan="2">牲畜耳标号</td><td colspan="6"></td></tr>
<tr><td colspan="8">本批动物经检疫合格，应于当日内到达有效。
官方兽医签字：
签发日期：　年　月　日
（动物卫生监督所检疫专用章）</td></tr>
</table>

（二）有生动植物的运输

托运有生动植物时，托运人应在货物运单上注明货物的名称、状态、包装、时间要求等；承运人应对货物的包装和质量等进行认真检查，对不符合包装要求的货物按有关规定重新包装，对不符合质量要求的货物不予承运。此外，承运人在运输有生动植物时还应满足以下几个方面的要求。

图 6-17　生猪运输车辆

1．运输工具配套要求

运输猪、牛、羊等家畜的车辆（船舶）应设置围栏、畜厩等，如图 6-17 所示。围栏、畜厩等既要有助于充分利用装载空间，又不能影响家畜的正常活动和安全。运输活鱼、活虾时，应解决车辆（船舶）的供氧问题，如配备增氧机、氧气瓶、空气压缩机等。

2. 疫病预防与控制要求

运输有生动植物时，为了避免疫病扩散和蔓延，应做好以下工作：

（1）严格遵守有关检疫规定。国内运输有生动植物的检疫按《动物检疫管理办法》和《植物检疫条例》等的有关规定进行，进出口有生动植物的检疫按《中华人民共和国进出境动植物检疫法》的有关规定进行。

（2）确保运输工具清洁、无毒、通风良好。

（3）对于装运过染病有生动植物的车厢（货舱），在下次装运有生动植物前，必须将其清理干净，并彻底消毒。

（4）在运输过程中，若发现有生动植物染病、死亡，则应立即采取应对措施，按照相关规定进行处理。

3. 照料要求

运输动物时，应做好照料工作，具体包括以下几点：

（1）根据动物的数量、日龄、运输距离和运输时间等情况，准备充足的饲料和饮用水。

（2）及时补充清洁的饲料和饮用水，并及时清理粪便。

（3）在运输过程中适当安排动物在休息点休息。在动物休息期间，应观察动物的健康状况，必要时对通风和隔离措施进行适当调整。途中休息次数可依据运输方式、动物日龄和气候条件等确定。

释疑解惑

一般而言，可通过观察动物的精神状况、呼吸状态、运动状态、饮水饮食情况、排泄物状态等来了解动物的健康状况。

（4）保持车厢（货舱）内空气流通。途经地温度较高或较低时，应采取必要措施避免动物发生应激反应。

4. 其他要求

运输有生动植物时，还应满足以下要求：

（1）进行长途运输时，应派专人押运。

（2）保持匀速行驶，车速勿过快或过慢；转弯和停车时，应先减速，避免急刹车。

（3）对于运输过程中产生的剩余食物、废纸等生活垃圾，应将其统一收集后，送到符合相关要求的回收地点处理。

（4）对于动物的粪便等污染物和残留的饲料、饮用水等，应将其统一收集、存放，送到符合相关要求的无害化处理点处理，不得随意处理。

课堂活动

请以连线的方式将下列鲜活货物与合适的物流作业要求相匹配。

结球生菜	在运输车上配备增氧机，以解决供氧问题
生猪	将储存温度控制在 11～16℃，防止货物遭受冷害
鱼苗	在运输车上设置围栏
香蕉	用冷藏车运输时，将车厢内的温度控制在 0～3℃

同步实训

走访苗木花卉交易市场

实训步骤

（1）全班学生自由分组，每组 3～5 人，并选出一名小组长。

（2）小组长组织小组成员，走访当地的苗木花卉交易市场，向现场的工作人员了解苗木花卉的包装、运输与储存要求，同时做好拍摄工作。

（3）小组长对走访时所获得的资料进行整理，撰写一份图文并茂的走访报告。

（4）老师对各小组提交的走访报告进行点评。

任务三 了解危险货物

任务导入

YR 物流公司的危险货物仓库最近有一批钢桶装汽油（包装容量为 200 L）入库，小陈和几名同事负责这批汽油的入库工作。小陈等人穿上了具有防静电功能的工作服，然后用防爆型叉车将这批汽油搬进仓库。在对这批汽油进行堆码时，小陈等人将堆码高度控制在 5 m 左右，并确保货垛不遮挡消防设施或器材、安全标志和安全通道。

问题：

（1）小陈等人的操作存在哪些问题？

（2）储存危险货物时，应满足哪些作业要求？

一、危险货物的分类

根据国家标准《危险货物分类和品名编号》（GB 6944—2012），按危险货物具有的危险性或最主要的危险性的不同，危险货物可分为以下 9 类。

（一）爆炸品

爆炸品是指在外界作用（如受热、受压、撞击等）下，能发生剧烈的化学反应，瞬间产生大量的气体和能量，使周围压力急剧上升，引起爆炸，从而对周围环境造成破坏的物品，如炸药、烟花、鞭炮等。

爆炸品按危险性的不同，又可分为以下 6 类：

（1）有整体爆炸危险的物质和物品，如黑火药、苦味酸铵等。整体爆炸是指能瞬间影响到几乎全部载荷的爆炸。

（2）有迸射危险，但无整体爆炸危险的物质和物品，如带有雷管的助爆器等。

（3）有燃烧危险且有局部爆炸危险或局部迸射危险或这两种危险都有，但无整体爆炸危险的物质和物品，如非起爆导火索等。这类爆炸品包括满足以下条件之一的物质和物品：① 可产生大量热辐射的物质和物品；② 相继燃烧产生局部爆炸或迸射效应或两种效应兼而有之的物质和物品。

（4）不呈现重大危险的物质和物品。这类爆炸品包括运输中万一点燃或引发时仅造成较小危险的物质和物品，如手提信号装置、爆炸式铆钉等。这类爆炸品射出的碎片不大、射程不远，外部燃烧不会引起包装件几乎全部内装物的瞬间爆炸，其影响主要限于包装件本身。

（5）有整体爆炸危险的非常不敏感物质。这类爆炸品包括有整体爆炸危险，但非常不敏感，以致在正常运输条件下引发或由燃烧转为爆炸的可能性极小的物质。

释疑解惑

当船舱内装有大量有整体爆炸危险的非常不敏感物质时，由燃烧转为爆炸的可能性较大。

（6）无整体爆炸危险的极端不敏感物品。这类爆炸品包括仅含有不敏感爆炸物质且意外引发爆炸或传播的概率可忽略不计的物品。

（二）气体

这类危险货物包括压缩气体、液化气体、溶解气体、冷冻液化气体、一种或多种气体与一种或多种其他类别物质的蒸气混合物、充有气体的物品和气雾剂。这类危险货物按危险性的不同，又可分为易燃气体（如液化石油气等）、非易燃无毒气体（如冷冻液态氮等）和毒性气体（如二氧化硫等）。

释疑解惑

压缩气体是指在−50℃的环境中加压包装供运输时，完全呈气态的气体，包括临界温度（即物质处于临界状态时的温度）不高于−50℃的所有气体。

液化气体是指在温度高于−50℃的环境中加压包装供运输时，部分呈液态的气体，可分为以下两种：① 高压液化气体，即临界温度在−50～65℃的气体；② 低压液化气体，即临界温度高于65℃的气体。

溶解气体是指加压包装供运输时，溶解于液相溶剂中的气体。

冷冻液化气体是指包装供运输时，由于其温度低而部分呈液态的气体。

（三）易燃液体

这类危险货物包括易燃液体和液态退敏爆炸品。

1．易燃液体

易燃液体包括以下3类：

（1）易燃的液体或液体混合物。

（2）在溶液或悬浮液中有固体的液体，其闭杯试验闪点不高于60℃，或开杯试验闪点不高于65.6℃。

释疑解惑

闪点又称闪火点，是指可燃性液体表面上的蒸气和周围空气的混合物与火接触，初次出现蓝色火焰闪光时的温度。

（3）满足以下条件之一的液体：① 在温度不低于其闪点的条件下提交运输的液体；② 以液态在高温条件下运输或提交运输且在温度不高于最高运输温度下会释放出易燃蒸气的物质。

2．液态退敏爆炸品

液态退敏爆炸品是指为抑制爆炸性物质的爆炸性能，将爆炸性物质溶解或悬浮于水中或其他液态物质中而形成的均匀液态混合物。

（四）易燃固体、易于自燃的物质和遇水放出易燃气体的物质

这类危险货物的具体分类如表6-6所示。

表 6-6　易燃固体、易于自燃的物质和遇水放出易燃气体的物质的具体分类

类型		说明
易燃固体、自反应物质和固态退敏爆炸品	易燃固体	易于燃烧的固体和经摩擦可能起火的固体，如火柴、冰片等
	自反应物质	即使没有氧气（空气）存在，也容易发生激烈放热分解的热不稳定物质
	固态退敏爆炸品	为抑制爆炸性物质的爆炸性能，用水或酒精浸湿爆炸性物质或用其他物质稀释爆炸性物质而形成的均匀固态混合物
易于自燃的物质	发火物质	即使只有少量与空气接触，不到 5 min 便会燃烧的物质，包括混合物和溶液（液体或固体），如白磷等
	自热物质	发火物质以外的与空气接触便能自己发热的物质，如潮湿棉花等
遇水放出易燃气体的物质		遇水放出易燃气体，且该气体与空气混合能够形成爆炸性混合物的物质，如磷化钙等

（五）氧化性物质和有机过氧化物

1. 氧化性物质

氧化性物质是指本身未必燃烧，但通常因释放氧气可能引起或促使其他物质燃烧的物质，如高锰酸钾、过氧化钠等。

2. 有机过氧化物

有机过氧化物是指含有两价过氧基结构的有机物质。该物质的危险性主要表现在以下两个方面：

（1）由于含有过氧基，该物质极不稳定，易分解，且分解温度极低，受到冲击、摩擦或遇热就能分解。该物质的分解产物多是有害或易燃的蒸气，再加上可释放氧气，容易引起爆炸。

（2）多种有机过氧化物即使短暂地与眼睛接触，也会对眼角膜造成严重损伤，有的有机过氧化物对皮肤具有很强的腐蚀作用，还有的有机过氧化物具有很强的毒性。

（六）毒性物质和感染性物质

毒性物质是指经吞食、吸入或与皮肤接触后可能造成死亡、严重受伤或损害人体健康的物质，如砷、氰化钡等。

感染性物质是指已知或有理由认为含有病原体的物质，如医院诊所废弃物、B 类生物物质等。

（七）放射性物质

放射性物质是指任何含有放射性核素（即能自发地放出 α 射线、β 射线等的不稳定原子核）且其活度浓度和放射性总活度都超过规定限值的物质。放射性物质可以破坏人体的中枢神经系统、内分泌系统和血液系统。大剂量或长期接触放射性物质，会对人体造成明

显的危害，增加患癌风险。

（八）腐蚀性物质

腐蚀性物质是指通过化学作用，接触生物组织时会对其造成严重损伤或渗漏时会严重损害甚至毁坏其他货物或运输工具的物质，如硫酸等。

（九）杂项危险物质和物品

图 6-18　气胀救生筏

杂项危险物质和物品是指存在危险但不符合其他类别危险货物定义的物质和物品，包括以下几类：① 以微细粉尘形式吸入可危害健康的物质；② 会释放易燃气体的物质；③ 锂电池组；④ 救生设备，如气胀救生筏（见图 6-18）；⑤ 一旦发生火灾可形成二噁英的物质和物品；⑥ 在液态温度达到或超过 100℃，或固态温度达到或超过 240℃条件下运输的物质；⑦ 危害环境的物质；⑧ 不符合毒性物质或感染性物质定义的经基因修改的微生物和生物体；⑨ 其他。

二、危险货物的包装

由于不同的危险货物具有不同的危险性，因此各种危险货物的包装要求有所不同。但总体而言，危险货物的包装应满足以下要求：

（1）包装材料的材质、规格和结构应与所装危险货物的理化性质和重量相适应。包装材料不得与内装物产生削弱包装强度和造成危险的化学反应。

（2）包装内的衬垫物应能防止内装物移动，起到减震与吸附作用，且不得与内装物发生危险反应而降低安全性。

（3）液态危险货物的包装应满足气密封口要求。对于需要设置通气孔的包装容器，其设计和安装应能防止货物流出和杂质、水分进入。其他危险货物的包装应做到严密不漏。

（4）包装的规格、结构应便于实现机械化装卸和集装化运输。

（5）包装表面应保持清洁、干燥，不得黏附所装危险货物和其他有害物质。

（6）包装应坚固、完好，能抵抗运输、储存和装卸搬运过程中的正常冲击、震动和挤压，并且便于装卸搬运。

（7）包装上应正确标注危险货物品名、包装件重量等基本信息，同时应清晰地标明国家规定的相应的包装标志和储运标志。

同步案例

危险货物包装不合格典型案例

1. 内袋扎口不合格

L海关对某公司申报出口的一批硝酸铈铵实施包装使用鉴定时，发现该批货物采用“开口钢桶+塑料袋”的组合包装形式，内袋折转袋口后用绳打为活结，存在撒漏风险，不符合《出口危险货物包装检验规程 第3部分：使用鉴定》（SN/T 0370.3—2021）中“内包装采用绳扎封口时，排出袋内气体，袋口用绳紧绕二道，扎紧打结，再将袋口朝下折转用绳紧绕二道打结”的要求。L海关遂判定该批货物包装使用鉴定不合格，出具“出境货物不合格通知单”，要求该公司返工整改。

2. 包装破损、标记不清

H海关对某公司申报出口的一批丙酮实施包装使用鉴定时，发现该批货物采用“纸箱+玻璃瓶”的组合包装形式，其中2箱货物的外包装存在严重霉变和破损现象，外包装上的UN标记模糊不清，不符合《出口危险货物包装检验规程 第3部分：使用鉴定》（SN/T 0370.3—2021）中“危险货物包装外表应清洁，不允许有残留物、污染或渗透”和“每一个容器应带有耐久、易辨认、与容器相比位置合适、大小适当的明显标记”的要求。H海关遂判定该批货物包装使用鉴定不合格，出具“出境货物不合格通知单”，要求该公司更换包装。

3. 未按规定填充或者衬垫

Q海关对某公司申报出口的一批十二烷基硫酸钠实施包装使用鉴定时，发现该批货物用纸板桶（见图6-19）包装，桶内剩余空间未填充或者衬垫，存在因运输工具颠簸而撒漏的风险，不符合《出口危险货物包装检验规程 第3部分：使用鉴定》（SN/T 0370.3—2021）中“盛装固体危险货物时，容器内剩余空间按规定填充或者衬垫”的要求。Q海关遂判定该批货物包装使用鉴定不合格，出具“出境货物不合格通知单”，不允许该批货物出口。

图6-19 纸板桶

三、危险货物的运输

由于危险货物在一定的外界条件（如摩擦、撞击、震动、暴晒、温度变化等）下，会酿成爆炸、燃烧等严重事故，所以危险货物的运输必须符合相关规定。

一般而言，运输危险货物时，应满足以下要求：

（1）除另有规定外，危险货物包装件可用以下类型的车辆或集装箱装运：① 封闭式车辆或封闭式集装箱；② 侧帘车辆（见图 6-20）或软开顶集装箱；③ 敞开式车辆或开顶集装箱。

（2）若危险货物包装件的包装由易受潮湿环境影响的材质制成，则应选用侧帘车辆、封闭式车辆、软开顶集装箱或封闭式集装箱运输。

（3）对于符合一定规定的危险货物，可将其以散装形式装入散装容器或车厢内进行运输；对于易受温度影响而液化的危险货物，不可进行散装运输。

（4）装卸危险货物前，应检查车辆、可移动罐柜（见图 6-21）、集装箱或装卸设备等。若发现安全隐患，则不得进行装卸作业。

图 6-20　侧帘车辆

图 6-21　可移动罐柜

（5）装卸易燃气体或闪点不超过 60℃的易燃液体等危险货物前，应对车辆底盘、可移动罐柜、集装箱等进行接地连接，并限定充装流速，以防产生静电。

（6）按照预先设计要求或测试过的操作方法进行装卸作业。

（7）对于危险货物包装件，应按其方向标记进行装卸作业。

（8）在装卸过程中，禁止在车辆或集装箱附近和内部吸烟（包括电子烟及其他类似产品）。

（9）装载散装固体危险货物时，应将其均匀分布，防止散装容器、车辆损坏或货物撒漏。

（10）装载液体危险货物时，应尽可能将其置于干燥的危险货物的下方。

（11）除非另有规定，不得将危险货物与食品、药品、动物饲料及其添加剂等货物混装。

（12）除非另有规定，将危险货物包装件与普通货物混装时，应采取下列措施之一进行隔离：① 使用与包装件等高的隔离物；② 四周至少保持 0.8 m 的间隔。

（13）视情况在运输工具上采取合理的紧固措施。

释疑解惑

对危险货物进行紧固时，应满足以下要求：

（1）对于危险货物包装件或散装危险货物，应使用紧固带、滑动板条或扣式装置等进行紧固，防止其在运输途中晃动，进而改变包装件朝向或造成货损。

（2）使用紧固带或绷带时，不得固定过紧，以免造成外包装变形或货损。

（3）可用衬垫物、填充物或支撑物等填充空隙，以防危险货物移动。

（4）将危险货物与普通货物混装时，应确保所有货物都已固定，防止危险货物撒漏。

（14）对于危险货物包装件，除非设计为可堆码，否则不得对其进行堆码。

（15）在运输途中，应确保散装容器或车体的外表面无危险货物残留。

（16）在运输途中，随车（船）人员不得随意打开危险货物包装件。

（17）卸载危险货物后，若发现运输工具上有危险货物撒漏，则应及时对运输工具进行清洗，方可再次装载。

课堂活动

判断下列做法是否合理。如果不合理，请说出合理的做法。

（1）物流作业人员一边充装液化天然气，一边吸烟。

（2）运输钢桶装硫酸时，随车人员在途中打开了钢桶，以检查硫酸是否泄漏。

（3）运输完一批过氧化钠后，物流作业人员及时清洗了运输车辆，然后装运了一批白磷。

（4）装运一批液化天然气前，物流作业人员对承压罐式危险货物运输车（见图 6-22）进行了仔细检查，确认其无安全隐患后再进行充装作业。

图 6-22　承压罐式危险货物运输车

四、危险货物的储存

（一）一般要求

（1）根据所储存危险货物的特性，在仓库内配备安全作业设备（如通风设备、调温设备、调湿设备、防雷设备、防静电设备、监测设备等）、消防设施或器材、自动报警系统，并对这些设施设备进行定期维护和保养，以确保其工作正常。

如何储存放射性物质

（2）根据所储存危险货物的特性，在仓库内配备必要的个人防护用品，并确保其可以有效使用。

（3）根据危险货物仓库的设计要求，严格控制危险货物的储存类型和数量。

（4）根据所储存危险货物的特性，实行分库、分区、分类储存。例如，对爆炸品进行专库储存，不得将其与其他危险货物混储；对毒性物质实行“五双”管理（即双人验收、双人保管、双人收货、双把锁、双本账），及时将其储存场所、储存数量、流向动态和管理人员的情况报相关部门备案。

（二）作业要求

（1）进入易燃气体、易燃液体、易燃固体和爆炸品仓库前，应穿上具有防静电功能的工作服，不得穿带钉鞋。

（2）进入毒性气体、易燃气体、易燃液体、毒性物质、腐蚀性物质仓库前，应先通风。

（3）在夏季高温期，宜将闪点在 28℃以下的易燃液体的出入库作业安排在早上或夜间进行。

（4）禁止在危险货物仓库内进行开桶、分装改造、物流加工等作业。这些作业应在专门场所进行。

（5）发现危险货物包装破损时，应及时修整或更换包装。包装变形但未破损的，应将其单独存放于某一区域，并制订处置措施；包装破损且发生危险货物撒漏的，应启动相应的应急程序，及时处置。

（6）及时处理废旧包装、垃圾等，保持作业场所整洁。

（7）进行装卸搬运作业时，应轻拿轻放，严禁拖拉、翻滚、撞击、摩擦、摔扔、挤压、倒置等。装卸搬运易燃易爆危险货物时，应使用防爆型叉车。

（8）进行堆码作业时，应确保货垛整齐、稳固、无倒置，不得遮挡消防设施或器材、安全标志和安全通道。

（9）除 200 L 及以上的钢桶包装外，使用其他包装的危险货物不得就地堆码，货垛衬垫高度不得小于 15 cm。

（10）进行堆码作业时，应符合包装上堆码标志的要求。对于使用无堆码标志的木箱和 200 L 及以上钢桶包装的危险货物，堆码高度不得超过 3 m；对于使用纸箱和小铁桶包装的危险货物，堆码高度不得超过 2.5 m；对于放置于托盘上的危险货物，堆码高度不得超过 3 m。

（11）采用货架堆码方式时，应将危险货物包装件置于托盘上，并采取固定措施。

设计危险货物物流知识科普宣传栏

实训步骤

（1）全班学生自由分组，每组 6～8 人，并选出一名小组长。

（2）小组长从冷冻液态氮、硫酸、苦味酸铵、火柴、黑火药、砷、冰片、手提信号装置等危险货物中选择 3 种，组织小组成员，搜集相关的物流知识资料。

（3）根据搜集到的资料，设计物流知识科普宣传栏，并在校园内进行宣传。

（4）老师对各小组所设计的科普宣传栏进行点评。

1. 填空题

（1）按实际特点的不同，超限货物可分为____________、____________、____________和其他货物类。

（2）运输有生动植物，需要持有____________。

（3）按危险性的不同，危险货物中的气体可分为____________、非易燃无毒气体和____________。

2. 单项选择题

（1）挂有超限车的列车运行在双线、多线或并行单线的直线地段与邻线列车会车时，邻线列车运行速度大于（　　）的，由铁路运输企业根据实际情况确定会车条件。

A. 160 km/h　　B. 120 km/h

C. 150 km/h　　D. 100 km/h

（2）在运输易腐货物的途中，测温设备的记录间隔不应超过（　　）。

A. 30 min　　B. 20 min

C. 10 min　　D. 5 min

(3) 在储存易腐货物期间，货物出入库时，仓库内温度的波动范围不应超过（　　）。

A. 1℃　　B. 2℃

C. 3℃　　D. 5℃

(4) 以下选项中，（　　）属于易于自燃的物质。

A. 二氧化碳　　B. 火柴

C. 白磷　　D. 硫酸

(5) 将危险货物包装件与普通货物混装时，四周应至少保持（　　）的间隔。

A. 0.8 m　　B. 0.5 m

C. 0.3 m　　D. 0.2 m

(6) 对于使用纸箱和小铁桶包装的危险货物，堆码高度不得超过（　　）。

A. 3 m　　B. 2.5 m

C. 2 m　　D. 1.5 m

3. 多项选择题

(1) 当通过公路运输超限货物时，承运人申请公路超限运输许可时应提交（　　）。

A. 公路超限运输申请表　　B. 道路运输经营许可证

C. 装载加固建议方案　　D. 车辆行驶证或者临时行驶车号牌

(2) 以下选项中，属于非冻结性易腐货物的有（　　）。

A. 冰蛋　　B. 新鲜水果

C. 新鲜蔬菜　　D. 鲜奶

(3) 以下选项中，（　　）属于有生动植物与物流活动有关的特性。

A. 需要物流作业人员提供维持其生理活动所必需的条件

B. 在储运过程中可能出现增重或减重现象

C. 在储运过程中可能感染和传播疫病

D. 在储运过程中可能出现枯萎或凋零现象

4. 简答题

(1) 超限货物运输的特殊性主要表现在哪几个方面？

(2) 简述易腐货物的储运条件。

(3) 包装易腐货物时，应做好哪些工作？

(4) 运输动物时，应做好哪些照料工作？

学习成果评价

请进行学习成果评价，并将评价结果填入表 6-7 中。

表 6-7　学习成果评价表

评价项目	评价内容	分值	评价分数	
			自评	师评
知识（40%）	超限货物的特点和分类	5		
	超限货物的运输要求	5		
	易腐货物的分类和储运条件	3		
	易腐货物的包装、运输与储存要求	7		
	有生动植物与物流活动有关的特性	3		
	有生动植物的运输要求	7		
	危险货物的分类	3		
	危险货物的包装、运输与储存要求	7		
技能（40%）	能够合理运输超限货物	10		
	能够合理包装、运输与储存易腐货物	10		
	能够合理运输有生动植物	10		
	能够合理包装、运输与储存危险货物	10		
素养（20%）	乐于学习，勤于学习，善于学习	5		
	具备团队精神，积极与人合作	5		
	严谨细致，精益求精	5		
	挖掘创新潜能，提高创新能力	5		
合计		100		
总评（自评×40%+师评×60%）			老师签名：	

项目七

散装货物

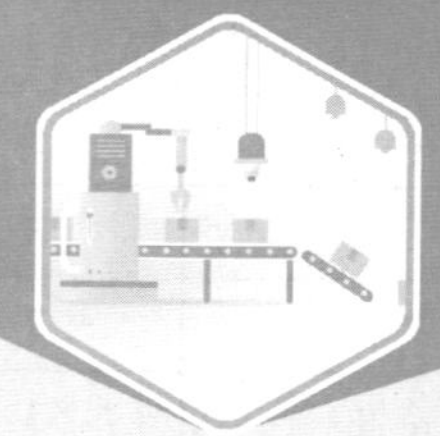

项目引言

散装货物一般批量较大，无须包装即可投入运输。以散装形式运输货物，既可以节约包装费用，又可以增加装载数量，实现机械化装卸，缩短装卸作业时间。本项目主要介绍谷物、金属矿、煤炭、原油、液化天然气等散装货物的相关知识。

知识目标

- ✓ 熟悉谷物的性质，掌握谷物的运输与储存要求。
- ✓ 熟悉金属矿的性质，掌握金属矿的运输与储存要求。
- ✓ 熟悉煤炭的分类和性质，掌握煤炭的运输与储存要求。
- ✓ 熟悉原油的分类和性质，掌握原油的运输与储存要求。
- ✓ 熟悉液化天然气的分类和性质，掌握液化天然气的运输与储存要求。

素质目标

- ✓ 学习“气膜粮仓：让‘大国粮仓’实现绿色储存”案例，了解我国物流领域的新科技，树立科技强国意识。
- ✓ 了解原油、液化天然气等货物泄漏的事故对环境的危害，树立环保意识，共创环境友好型社会。

任务一　认识散装固体货物

任务导入

近日，某露天煤场接收了一批原煤。小胡及其同事及时清理了煤堆附近的杂物，然后向煤堆洒了水，并用油布对煤堆进行了苫盖。做好这些工作后，小胡及其同事还按照规定定期检查煤堆的情况。

某日，小胡在检查时，发现一煤堆的温度较高。他立即叫来同事，准备对煤堆采取降温措施。

问题：

（1）小胡及其同事可以采取哪些措施降低煤堆温度？

（2）储存煤炭时，还应满足哪些要求？

散装固体货物是指直接装入运输工具或设备（如散货集装箱等）内而不用中间包装的货物。这种货物一般呈粉末状、颗粒状或块状，可用各种类型的车辆或散货船（见图 7-1）运输。常见的散装固体货物有谷物、金属矿、煤炭等。

图 7-1　散货船

一、谷物

谷物是指禾本科和蓼（liǎo）科草本植物的种子，包括稻谷、小麦、玉米（见图 7-2）、高粱、大麦、青稞、荞麦（见图 7-3）等原粮。谷物的主要营养成分为淀粉（含量为 60%～

80%），同时含有一定量的蛋白质（含量为7%～18%）和较丰富的B族维生素、矿物质。

图7-2 玉米

图7-3 荞麦

（一）谷物的性质

1. 会呼吸

谷物是处于休眠状态的活的有机体，靠呼吸作用获得用于维持生命的能量。谷物的呼吸强度越大，对营养成分的消耗速度就越快，因此越不利于保持自身的种用价值和食用价值。

释疑解惑

谷物的呼吸强度受到谷物含水量、环境温度、空气成分比例、籽粒状态等因素的影响，其中谷物含水量是最重要的影响因素。

在一定范围内，谷物含水量和环境温度越高，谷物的呼吸强度越大；空气中的氧气浓度越高，谷物的呼吸强度越大；新粒、空瘪粒、破损粒、虫蛀粒、冻伤粒、发芽粒和表面粗糙的籽粒等的呼吸强度比普通籽粒更大。

2. 吸湿性

谷物是多孔性的胶体物质，通过许多大小不等的毛细管连接籽粒内的细胞和组织，此外，谷物中含有淀粉、蛋白质等亲水性成分，因此具有较强的吸湿性。当环境湿度较大时，谷物会吸收水分，致使含水量升高、呼吸强度增大，从而促进微生物生长与繁殖，进而引起谷物霉变。

3. 吸味性

谷物具有较强的吸味性，极易吸收各种异味。当谷物吸收异味后，异味很难消除，从而导致谷物的食用价值下降甚至丧失。

4. 易遭受虫害、鼠害和鸟害

谷物容易遭到米象、谷蠹等害虫的蛀蚀、鼠类的啃咬和鸟类的啄食，从而引起重量损失和质量下降。害虫、鼠类和鸟类在取食、呼吸、排泄等一系列生理活动过程中会释放水分和热量，容易引起谷物结露、发芽和霉变。此外，害虫、鼠类和鸟类的分泌物、尸体等还会污染谷物。

5. 发热性

谷物发热是指谷物在物流活动中出现的温度异常升高的现象。谷物发热是各种生物在一系列生理活动过程中释放热量，从而导致热量积聚的结果。释放热量的生物可能是谷物本身，也可能是谷堆中的害虫、鼠类、鸟类或者附着在谷物上的微生物等。

6. 陈化性

谷物陈化是指谷物经过长时间的储存后，在温度、水分等因素的影响下，酶的活性降低，呼吸强度减弱，原生质胶体松弛，外观（包括颜色、形状等）、气味和营养成分变化，从而导致其种用价值和食用价值下降的现象。谷物陈化的程度与储存时间成正比。

（二）谷物的运输

1. 运输工具要求

（1）使用专用的封闭式运输工具运输谷物。通过公路运输时，应使用散装粮食运输车（见图 7-4）或散装粮食专用集装箱。通过铁路运输时，应使用铁路专用散装粮食车或铁路集装箱。通过水路运输时，应使用符合以下要求的船舶：① 无影响谷物质量安全的虫害、鼠害等危害因素；② 船舱舱体光滑、平整、无裂痕、无毒、无锈、无异味；③ 申请水尺计重的船舶，应具备规范的船舶常数。运输携带检疫性有害生物的进境谷物和海关总署规定的需要对场地、运输工具实施防疫消毒的其他进境谷物时，应使用采取严格防疫措施的驳船。

图 7-4　散装粮食运输车

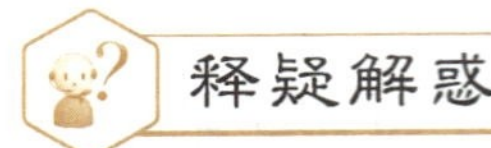
释疑解惑

水尺计重是指在阿基米德定律的基础上，以船舶本身为计量工具，对船载货物进行计重的方法。这种计重方法适用于价值不高或不易用衡器计重的海运散装固体货物。

船舶常数是指船舶营运后测定的实际空船排水量减去建造出厂时的空船排水量的差值。船舶常数增大，表示空船排水量增加，船舶载货能力下降。

驳船是指本身无动力装置，依靠拖船拖动或顶推船推动，用于运输货物的平底船。这种船舶船型丰满，构造简单，可单只或编列成队使用，是沿海、内河和港内的通用运输工具。

（2）确保运输工具清洁、干燥。

（3）装运谷物前，应对运输工具进行彻底清洗。装运过其他货物特别是活畜的运输工具，应经过清洗、消毒后方可装运谷物。

2. 物流作业人员卫生要求

（1）每年进行一次体检，必要时可做临时体检，经体检合格后方可上岗；凡患有影响食品安全的疾病者，均不得从事谷物运输工作。

（2）注意个人卫生，做到以下两点：① 工作时穿戴工作服、帽、鞋（需定期对工作服、帽、鞋进行消毒），不得佩戴手表、手镯、项链等首饰；② 不得用脚踩踏谷物，在运输过程中不得将衣服及其他物品放在谷堆上。

3. 其他要求

（1）对于需要长途运输的谷物，装运前应对其进行熏蒸处理。

（2）对装运谷物的车厢（船舱）进行苫垫，并配备防尘、防蝇、防晒、防雨设备，以防谷物质量下降。

（3）不得将谷物与有毒、有害的货物混装、混运。

（4）将谷物在车厢（船舱）底部均匀铺开，以防车厢（船舱）底部受力不均。

（5）根据运输途中的天气变化，采取合适的通风措施，以防谷物结露。

（6）为保持谷物的风味，防止其霉变，运输过程中应尽量保证车厢（船舱）内的温湿度在适宜的范围内小幅波动。

（7）对于车站、码头中用于装卸谷物的货场、泊位，应尽量将其作为专用场所，并确保其周围无污染物；对于堆放过化肥、农药及其他有毒、有害货物的场所，堆放谷物前应对其进行彻底清理，并铺设衬垫物。

（三）谷物的储存

1. 基本要求

（1）将谷物储存于远离污染源、危险源，避开行洪区和低洼水患地区的专用仓库。

（2）确保仓库通风良好，地面平整、完好、坚固并设防潮层，便于清洗。

（3）在仓库内配备防尘、防蝇、防潮、防鼠设备（如超声波驱鼠器、视窗式捕鼠器，见图 7-5）和温湿度监测装置等。

超声波驱鼠器

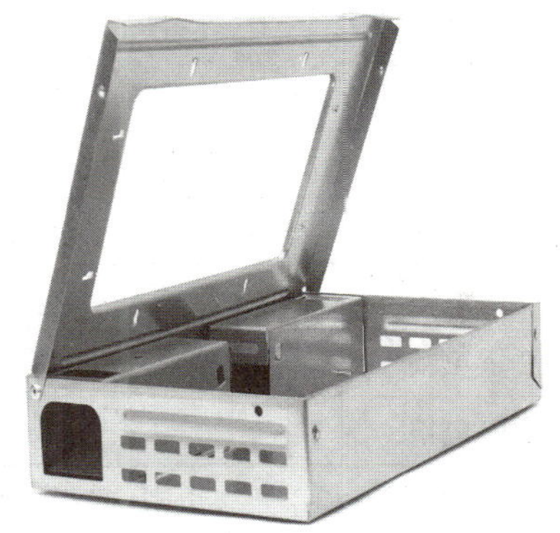

视窗式捕鼠器

图 7-5　防鼠设备

2. 入库前的准备要求

（1）对仓库、设备等进行检查和维修，以确保仓库完好、设备运转正常。若发现仓库出现孔洞、缝隙，应及时修补。

（2）清扫仓库和入库作业区，清除仓库内残留的谷粒、灰尘和杂物。

（3）若发现仓库、装粮用具、输送设备等有害虫活体，应使用国家允许的杀虫剂进行杀虫处理，并做好隔离工作。

3. 谷物入库要求

（1）对谷物进行严格检验。若发现谷物中有我国进境植物危险性病、虫、杂草及其他有害生物，则应立即将其封存，并按国家有关规定处理。

（2）按照谷物的类型、等级、生产年份将谷物分开储存，将含水量为安全水分、半安全水分、危险水分的谷物分开储存。

释疑解惑

安全水分是指某种谷物在常规储存条件下，能够在当地安全度夏而不发热、不霉变的含水量。

危险水分是指某种谷物在常规储存条件下，极易发热、霉变的最低含水量。

半安全水分是指介于安全水分与危险水分之间的含水量。

（3）将非食用谷物单独储存，并设置明显标识。

（4）将已感染害虫的谷物单独储存，并根据虫粮等级按相关规定处理。

知识拓展

虫粮等级与等级指标

表 7-1 列出了虫粮等级与等级指标。

表 7-1　虫粮等级与等级指标

虫粮等级	害虫密度/（头/kg）	主要害虫密度/（头/kg）
基本无虫粮	≤5	≤2
一般虫粮	6～30	3～10
严重虫粮	＞30	＞10
危险虫粮	感染了我国进境植物检疫性储粮害虫活体的粮食	

注：（1）害虫密度和主要害虫密度两项指标均符合同一虫粮等级的，将其判定为该等级虫粮；两项指标中有一项符合较严重一级虫粮等级的，将其判定为较严重一级虫粮。
（2）“主要害虫”包括玉米象、米象、谷蠹、大谷盗等。
（3）进境植物检疫性储粮害虫以最新公布的《中华人民共和国进境植物检疫性有害生物名录》为准。

对于基本无虫粮和粮温不超过 15℃的一般虫粮，应加强检测，做好防护工作，无须进行杀虫处理；对于粮温在 15℃以上的一般虫粮，应在 15 天内进行杀虫处理；对于严重虫粮，应在 7 天内进行杀虫处理；对于危险虫粮，应立即将其隔离，并在 3 天内进行彻底的杀虫处理。

（5）进行谷物入库作业时，应根据仓库容积、谷物类型等因素选择不同的输送设备，并将其组合使用，以减少谷物破损和扬尘；同时应采取多点抛粮等措施，以减少谷物自动分级，避免杂质聚集。

（6）确保谷堆高度不超过仓库的装粮线。对于长期储存的谷物，应平整谷面。

（7）将粮温相差 5℃以上的不同批次的谷物混储时，应采取通风措施，使粮温均衡。

4. 虫害、鼠害和鸟害防治要求

（1）遵循“以防为主，综合防治”的方针，采取安全、卫生、经济、有效的防治措施。

（2）确保仓库周围 3 m 内无垃圾、杂草和积水；在仓库门窗处布设防虫线，并安装防虫网；将谷堆的温湿度降低到害虫生长与繁殖所需的最低水平以下。

（3）堵塞鼠类进入仓库、谷堆的通道，如在仓库门窗外设置挡鼠板（见图 7-6）。如需灭鼠，可采用诱捕法、毒饵毒杀法或熏蒸法等方法。对于已进入仓库内的鼠类，宜采用诱捕法捕杀，不宜采用毒饵毒杀法。采用毒饵毒杀法时，应使用经国家农药管理部门批准登记的灭鼠剂；毒杀时，应由专人负责投药，同时设置警戒标识，并处理残留饵料。采用熏蒸法时，应由经过专门训练的物流作业人员进行。

（4）宜采取安装防鸟网等措施，防止鸟类进入仓库；不得采用捕捉、枪击或毒杀方法防治鸟害。

图 7-6　挡鼠板

5．管理要求

（1）不得在仓库内存放私人物品和杂物，严禁堆放农药、化肥和其他有毒、有害的货物。

（2）安排专人管理仓库，建立管理制度，定期检测储存谷物的含水量、害虫密度和卫生情况。若发现谷物出现霉变和虫蛀现象，应及时采取相应的措施，并登记处理。

释疑解惑

谷物含水量的检测周期如下：

（1）对于含水量为安全水分的谷物，应至少每季度检测一次。

（2）对于含水量为半安全水分的谷物，应至少每月检测一次。

（3）对于含水量为危险水分的谷物，应根据粮温每 3～5 天检测一次。若发现粮温升高，则应随时扦（qiān）样检测。扦样是指从大量的谷粒中，随机抽取一批重量适当、具有代表性的供检样品。

谷物害虫密度的检测周期如下：

（1）粮温低于 15℃时，应每月检测一次。

（2）粮温为 15～25℃时，应至少每 15 天检测一次。

（3）粮温高于 25℃时，应至少每 7 天检测一次。

（4）对于危险虫粮，应在处理后的 3 个月内至少每 7 天检测一次。

（3）定期用皂水对仓库进行清洗，然后用 50 mg/L 含氯漂白粉水进行消毒，以保证仓库卫生情况良好。

（4）对储存谷物做到先进先出、易腐先出，缩短储存时间，以保证谷物的风味和质量。

科技之光

气膜粮仓：让“大国粮仓”实现绿色储存

在成都中央储备粮四川新津直属库，四个巨大的气膜粮仓（见图 7-7）拔地而起。这种由我国首创的架空式气膜粮仓将明显提高我国的储粮质量。

图 7-7　气膜粮仓

气膜粮仓外面是一层由高分子膜组成的靓丽“外衣”，具有较高的科技含量。具体而言，气膜粮仓在储粮方面具有以下优势：

（1）结构更坚固。气膜粮仓采用穹顶结构，具有良好的力学性能，可承受高强度的集中载荷和粮食作用于粮仓四壁的分布载荷，能够充分满足储粮工艺的需要。

（2）保温、隔热性能更佳。气膜粮仓外覆高分子膜，内衬聚氨酯泡沫，具有良好的保温、隔热效果。实验证明，将粮食储存于气膜粮仓内时，整体粮温不会随着仓壁温度的变化而变化，而且仓库内可以保持恒温、恒湿，从而有助于实现低温储粮。

（3）防水、防潮性能更佳。气膜粮仓外部被高分子膜整体包裹，气密性极佳，防水、防潮性能良好，能够有效防止粮食出现结露、挂壁现象。

资料来源：蔡宇：《全球首个架空“气膜粮仓”主体结构在成都新津区建成》，锦观新闻百家号，2022 年 12 月 9 日

二、金属矿

金属矿是指经冶炼可以从中提取金属元素的矿石。金属矿通常有金属光泽或半金属光泽，表现为金属色（如金黄、铅灰、锡白、铁黑等），显深色条痕，不透明。常见的金属矿有铁矿、锰矿、铅矿、铜矿、锡矿、金矿、银矿等。

（一）金属矿的性质

金属矿类型繁杂，不同金属矿具有不同的性质。以下主要介绍金属矿具有的一般性质。

1. 密度大

金属元素的原子半径相对较小，原子核与核外电子结合得更紧密，这使得金属元素在体积相对较小的情况下具有较大的重量。因此，金属矿具有较大的密度，属于典型的重货。

2. 静止角较大

金属矿的静止角较大，一般为30°～50°，表明金属矿的流动性较差，在一定面积的平面上可以堆得更高。

释疑解惑

静止角又称休止角、自然倾斜角、摩擦角，是指散装货物由空中缓慢、自然地散落至平面所形成的锥体斜面与水平面的夹角。图7-8中，α 即为静止角。

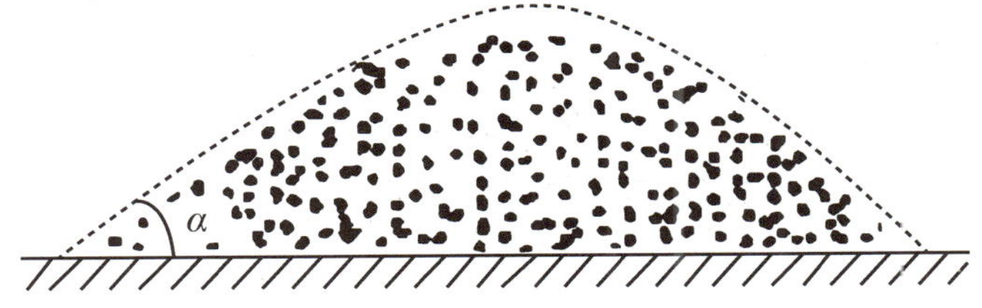

图7-8　静止角

3. 水分易蒸发

新开采出来的金属矿中含有一定的水分，经加工的精选矿中所含水分更多。当空气相对湿度较低时，金属矿中的水分易蒸发。

4. 扬尘性

金属矿上常带有泥土或其他杂质，随着水分的蒸发，这些杂质会干裂并从金属矿上脱落，成为扬尘。

（二）金属矿的运输

（1）装载金属矿前，应清扫车厢（船舱）。若发现车厢（船舱）有裂痕或漏洞，则应修补后再进行装载。

（2）不得将类型、品级、含水量不同的金属矿混装、混运，不得将金属矿与怕潮湿、怕扬尘的货物混装、混运。

图 7-9　防护服

（3）装载金属矿时，应确保其重量均匀分布在车厢（船舱）底部，以免负载部分甚至整个运输工具过度受压；同时，应尽量将金属矿散布到车厢（船舱）的边界，以防其在运输途中四处移动。

（4）暴露在扬尘中的物流作业人员应穿上防护服（见图 7-9）、佩戴呼吸器、使用防护膏，并采取人体清洗和外衣清洗等防护措施。

（5）装卸金属矿时，应关闭或遮盖运输工具的通风系统，并将其空调系统设置为内部循环模式，以防扬尘进入驾驶室或其他处所；同时，应采取相应措施防止扬尘落在机械设备上。

（6）装卸含有可能引起爆炸的扬尘的金属矿时，应对车厢（船舱）进行通风，防止空气中充满扬尘。清理车厢（船舱）时，除应保持通风外，还应用水龙进行冲洗，不得用扫把等工具进行清扫。

（7）在运输途中，应经常对车厢（船舱）进行通风，以疏散水蒸气和其他有害气体。

知识拓展

用船舶运输金属矿时的注意事项

（1）优先将金属矿积载在底舱。当需要将金属矿积载在二层舱或上层货物处所内时，应确保其下的甲板不超负荷，且船舶稳性（即船舶在外力作用消除后恢复到原平衡位置的性能）不低于《国内航行海船法定检验技术规则》和《国际航行海船法定检验技术规则》中规定的最小值。

（2）当将金属矿积载在二层舱或货物处所只有部分装满时，应设置具有足够强度的防移板或防移箱。

（3）在积载金属矿期间，应保持污水阱（即临时盛装船舶污水的小型容器）和滤板畅通，防止金属矿落入污水排放系统。

（三）金属矿的储存

（1）将金属矿储存于库房中，不得露天储存，以免金属矿氧化、散失。

（2）在金属矿入库前，应对其进行取样检验。

（3）保持库房清洁，严防外来杂物混入或污染金属矿。

（4）将品级、含水量不同的金属矿分仓、分区储存，并做好标识，以方便出库作业。

（5）采取相应的安保措施，并建立金属矿储存管理制度。

课堂活动

除具有密度大、静止角较大、水分易蒸发、扬尘性等性质外，一些金属矿还具有自热性、放射性等。结合所学知识和日常生活经验，想一想在运输或储存这类具有特殊性质的金属矿时，需要注意哪些事项。请举例说明。

三、煤炭

煤炭是指古代植物埋在地下，经历复杂的化学变化和高温高压而形成的可以燃烧的黑色固体，主要成分为碳、氢、氧和氮。煤炭主要用作燃料和化工原料。

（一）煤炭的分类

1. 按煤化程度分类

按煤化程度的不同，煤炭可分为以下三类：

（1）褐煤：是指煤化程度较浅的煤炭。褐煤含碳量为60%～77%，挥发物含量一般大于40%，含腐殖酸；在空气中易风化碎裂；燃点较低（约270℃），易自燃。褐煤通常用作发电、气化、低温干馏原料，也可直接用作燃料和吸附剂。

（2）烟煤：是指煤化程度较深的煤炭。烟煤含碳量为75%～90%，不含游离的腐殖酸，但含有类似焦油的沥青物质；质地相对较软，大多数具有黏结性；燃烧时火焰较长而有烟，发热量较高。烟煤质量优于褐煤但低于无烟煤，可用作动力、气化、低温干馏原料和民用燃料等，也可用于练焦、炼油等。

（3）无烟煤：是指煤化程度最深的煤炭。无烟煤含碳量一般在90%以上，挥发物含量在10%以下；色黑，质硬，密度大；燃点高，燃烧时火焰短而烟少，不结焦。无烟煤通常用作动力、气化原料和民用燃料等，低灰分的无烟煤可用于制造石墨、电石、合成纤维和碳化硅等。

2. 按加工程度分类

按加工程度的不同，煤炭可分为以下几类：

（1）毛煤：是指在煤矿中生产出来的未经任何加工处理的煤炭。

（2）原煤：是指从毛煤中选出规定粒度的矸（gān）石及大的杂物以后的煤炭。

（3）筛选煤：是指经过简单筛选、分类后的煤炭。

（4）洗选煤：是指经过破碎、水洗、风洗等工艺，去除灰尘和矸石后的煤炭。

（5）精煤：是指经过分选获得的高质量煤炭。

释疑解惑

分选是指用某种选矿方法将混合矿粒或矿块中的目的矿物与非目的矿物或不同目的矿物分离的作业。每一种分选作业的产品可分为精矿和尾矿，或精矿、中矿和尾矿。

3. 按粒度分类

按粒度的不同，煤炭可分为特大块、大块、混大块、中块、小块、混中块、混块、混粒煤、粒煤、混煤、末煤、粉煤。

释疑解惑

褐煤按粒度的不同划分时，仅可分为特大块、大块、混大块、中块、小块和末煤。

（二）煤炭的性质

1. 自燃性

煤炭的自燃是指煤炭与空气中的氧气发生氧化反应后释放出热量，且热量不易发散，造成温度逐渐升高，进一步加剧煤炭的氧化反应，温度达到煤炭的燃点后引起燃烧的现象。影响煤炭自燃的因素包括煤炭的含水量、风化程度、粒度和堆积密度等。

释疑解惑

一般而言，煤炭的含水量越低，其自燃的可能性就越大；煤炭的风化程度越高，性质越稳定，其自燃的可能性就越小；煤炭的粒度越小，接触氧气和水分的外表面积越大，其自燃的可能性就越大；煤炭的堆积密度越大，通风条件越差，其自燃的可能性就越大。

2. 风化性

煤炭的风化是指煤炭在空气、水分和生物等外力的长期联合作用下发生破坏或化学分解的现象。煤炭的风化分为物理风化和化学风化。在物理风化作用下，煤炭的色泽会发生变化，而且会逐渐破碎成煤渣，导致其在物流活动中容易减量。在化学风化作用下，煤炭中所含的有机物会发生化学变化，挥发物的含量会降低，褐煤和无烟煤的含碳量会降低。

3. 易燃易爆性

从煤炭中挥发出来的甲烷极易燃烧，当甲烷与空气混合达到一定比例时，遇火就会引起爆炸。此外，在物流活动中，煤尘极易在空气中漂浮，当空气中的煤尘含量过高时，遇火也会引起爆炸。

4. 腐蚀性

煤炭中含有硫化物，易与水分发生化学反应，产生具有腐蚀性的酸液，从而对运输工

具、机械设备等造成腐蚀。

5. 毒性

从煤炭中挥发出来的甲烷不仅易燃易爆，而且人体吸入过多会导致窒息。此外，煤尘对物流作业人员的身体健康也会产生危害。人体长期吸入煤尘，会导致器官病变，轻则可导致呼吸道炎症、皮肤病和慢性中毒，重则可导致尘肺病。

6. 污染性

煤尘极易随风飞扬，不仅会降低物流作业场所的能见度，而且会对周围环境造成污染。

（三）煤炭的运输

煤炭是典型的大宗货物，常通过铁路或水路运输。下面以水路运输为例，说明运输煤炭时应满足的要求。

运输煤炭时如何防止煤炭扬尘

1. 安全管理要求

（1）在装卸、运输煤炭前和过程中，应遵守涉及货物安全、作业安全、人员安全、应急处置等方面的所有制度和规程。

（2）当使用内部安装传送带系统的自卸式散货船运输煤炭时，应提前对作业区域进行日常操作性火灾安全风险评估。

（3）在船舶上配备涉及煤炭运输事故的应急反应与医疗急救指南。

（4）在船舶上配备气体探测仪（如氧气浓度检测仪，见图 7-10）、pH 值测定仪、量程为 0～100℃的温度测量仪等仪器，以便不进入货物处所即可测得空气中的甲烷、氧气与一氧化碳浓度，货物处所舱底污水的 pH 值和煤炭的温度。

（5）不得在货物处所或毗（pí）邻处所内吸烟和使用明火，并应在显著的位置设置警告标识（如“禁止烟火”标识，见图 7-11）。除货物处所已完全通风且甲烷浓度经测量处于安全范围外，不得在靠近货物处所和其他毗邻处所内进行燃烧、切割、铲凿、焊接和其他产生点火源的作业。

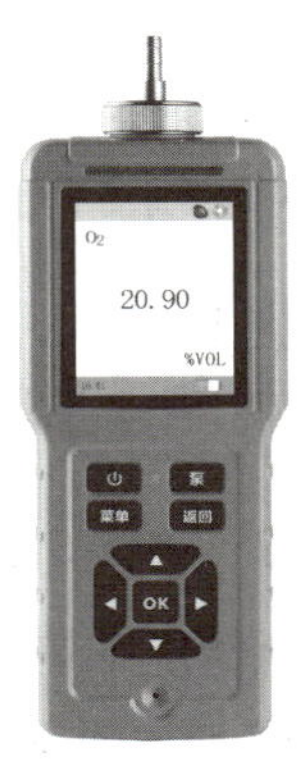

图 7-10 氧气浓度检测仪

图 7-11 “禁止烟火”标识

（6）在紧急情况下进入货物处所时，应在负责的高级船员的监督下进行作业，并按要求穿上防护服、佩戴呼吸器。

（7）暴露在煤尘中的物流作业人员，应穿上防护服、佩戴呼吸器、使用防护膏，并采取人体清洗和外衣清洗等防护措施。

（8）当船舶在航行途中失火时，应采取适当的应急消防措施，具体包括以下几点：① 宜采取封舱措施，以隔绝空气，从而控制火势；② 请求专家指导，并考虑驶往最近的合适港口；③ 不得用水灭火；④ 在出现明火前，不得使用二氧化碳灭火器灭火。

2．积载要求

（1）积载煤炭前，应要求托运人或其指定的代理人以书面形式向船长提供煤炭特性说明资料（特别是含水量、含硫量和尺寸）和安全装卸程序建议，并说明煤炭是否会释放甲烷或自热。此外，还应做好以下工作：① 确保所有货物处所和舱底污水阱清洁、干燥；② 清除货物处所内残留的废弃物和之前装载的货物，包括可拆卸的货物压条；③ 确保货物处所和毗邻的封闭处所内的所有电缆和电气设备完好无损，并确保其在爆炸性气体中或在完全隔离时能够安全使用；④ 采取预防措施和保护措施，以防煤炭腐蚀船体、危害人体健康。

（2）不得将煤炭积载于包装或散装的氧化性物质的上部或下部，不得将煤炭积载在热区域附近。

（3）积载煤炭时，应对货物处所和毗邻的封闭处所采取有效的通风措施，并使用气体探测仪对处所内的空气进行检测。

（4）积载完成后，应立即关闭装有煤炭的货物处所。

（5）装载其他货物前和卸载煤炭后，应清除甲板上残留的煤炭。

3．其他要求

（1）离港前，应对煤炭表面进行合理平舱，直至煤炭延伸到舱壁并得到船长认可，以防形成积存气体的坑洼，并防止空气渗入煤炭中；应对出入货物处所的通道进行密封处理。

释疑解惑

平舱是指在货物处所内对部分货物或全部货物进行平整作业。

（2）在离港后 24 h 内对货物处所进行表面通风。

（3）确保煤炭释放出的气体不在毗邻的封闭处所内积聚。

（4）确保货物处所的舱盖可以随时打开，尤其是在紧急情况下可以迅速打开。

（5）定期监测货物处所内煤炭上方空间中的甲烷、氧气和一氧化碳浓度，并记录监测结果。

（6）定期监测工作处所（如物料间、木工间、通道等）内的甲烷、氧气和一氧化碳浓度，并对这些处所进行充分通风。

（7）定期监测货物处所舱底污水的 pH 值。若监测到的 pH 值表明存在腐蚀性危险，则应在航行途中经常泵出舱底污水，以防舱底和污水排放系统中积存酸性物质。

课堂活动

某日，一艘散货船正在卸载散装煤炭。二副在 A 货舱的煤炭卸载完毕后，决定对 A 货舱进行检查，并在未通知其他人的情况下进入了 A 货舱。随后，水手小张使用对讲机（见图 7-12）呼叫二副，未得到应答，便决定前去寻找二副。

图 7-12　对讲机

小张看到出入 A 货舱的舱盖处于开启状态，就进入了 A 货舱，随后发现了躺在地上的二副。小张还没来得及将找到二副的消息告知大副，就在 A 货舱内失去了意识。

不久之后，大副发现二副和小张都失去了联系，便安排另外一名水手小陈去寻找他们。经过一番寻找，小陈从 A 货舱外看到小张晕倒在地上，决定进入 A 货舱救助他。一进入 A 货舱，小陈就觉得头晕，但他设法在晕倒前用对讲机呼叫了大副。

大副赶到 A 货舱入口处，快速判明形势后就拉响警报，组织一支救援队，并通知了邻近港口的管理部门，向其求助。最终，救援队成功将三名船员从 A 货舱内救出，并将其送往岸上的医院。

请问：二副和两名水手为什么会先后晕倒在 A 货舱内？他们的做法存在什么问题？

（四）煤炭的储存

1. 在货场上储存时的要求

（1）将煤炭按照类型分堆储存，并确保相邻煤堆底边之间的距离不小于 10 m。

（2）尽量避免在货场上堆放杂物，以防杂物混入煤堆，从而降低煤炭质量。

（3）经常检查煤堆的情况，防止煤堆自燃。若发现煤堆温度较高，则应采取以下应对措施：① 挖沟，在煤堆中的高温区挖出几道纵横交错的沟渠，以达到散热降温的目的；② 松堆，将煤堆分成若干小堆，以增加煤堆的自然通风面积，从而使温度下降；③ 倒堆，将煤堆转移，在转移过程中使热量散发；④ 灌水，在煤堆顶部挖出若干浅坑，然后向其中大量灌水，以便水分渗出煤堆时带走热量，从而达到降温目的。

（4）采取洒水措施，防止煤尘飞扬。

（5）采取以下措施，减缓煤炭风化速度：① 设定储存期限，尽量缩短储存时间；

② 对煤堆进行苫盖，以减少阳光、雨、雪、风等外界环境因素对煤炭的影响；③ 及时通风散热。

2. 在库房内储存时的要求

（1）采用自然通风方式。

（2）配备喷水装置或可减少煤尘的设施（如抑尘雾炮机，见图 7-13）。

（3）配备温度检测报警设施和视频监控系统。

3. 在筒仓内储存时的要求

（1）根据煤炭的类型、质量、数量等因素选择容积适宜的筒仓（见图 7-14）。

图 7-13 抑尘雾炮机

图 7-14 筒仓

（2）确保筒仓下部锥体部分光滑、耐磨，无凸出或凹陷部位，必要时可在筒仓内壁增加耐磨衬板或防堵设施。

（3）配备性能可靠、能够连续测量的料位计（即用于测量筒仓内煤炭堆放高度的设备），并确保其具有高位、低位和高高位报警装置。

（4）设置防爆门。

（5）在筒仓顶部配备除尘设施。若除尘设施有尾气排出，则应将其引至筒仓外。

（6）配备温度、烟气和可燃性气体检测报警设施，并将其显示器集中设置在控制室。

（7）配备能够防止筒仓下部空气侵入的设施。

（8）储存易自燃的煤炭（如褐煤）时，宜配备防爆型电气设备，并采取惰化保护措施，如向煤堆充填高纯度的氮气。

释疑解惑

惰化是指对环境维持燃烧或爆炸能力的抑制。

（9）在严寒条件下储存煤炭时，应在筒仓漏斗部分采取防冻保温措施。

举办知识挑战赛

实训步骤

（1）全班学生自由分组，每组 3～5 人，并选出一名小组长。

（2）小组长组织小组成员，结合本任务所讲知识，设置 20 道与散装固体货物有关的题目（10 道单项选择题，10 道问答题，并给出答案），并提交给老师。

（3）老师将各小组提交的题目在计算机上随机排列，形成可以随机抽取题目的题库。

（4）老师安排各小组轮流上台抽取题目，并现场作答。

（5）老师统计各小组的得分情况，并评出得分最高的小组。

任务二　认识散装液体货物

某日，一船舶向 AY 公司储运油库卸油时，装卸管道连接处发生原油滴漏事故，漏出的原油自坑道排水沟进入油库区雨水管网，然后通过油库雨水外排口流入海洋中。

经调查，此次原油泄漏量总计 0.376 t。此次漏油事件虽未对海洋生态服务功能、环境容量带来明显影响，但对海洋生物和滩涂生物造成了一次性伤害。经法院审理，AY 公司被判决应承担生态环境损害赔偿责任。

问题：

（1）原油具有哪些性质？上述案例中体现了原油的哪种性质？

（2）储运原油时，应满足哪些要求？

散装液体货物又称罐装货物，是指呈液体状态且一般以灌注方式装入液货船、罐车或罐式集装箱运输的流质货物。常见的散装液体货物有原油、液化天然气等。

一、原油

原油是指从油井中取得的未经加工的主要由液态或半固态烃类有机化合物的混合物所组成或衍生的物质，其中也含有少量的硫、氮、氧等有机化合物和微量元素。原油主要存在于多孔地下岩层（如砂岩）中，在常压条件下呈液态，经炼制可得汽油、煤油、柴油、润滑油、固体石蜡、沥青等产品，也可作为制造溶剂、塑料、合成橡胶、合成纤维等的原料。

（一）原油的分类

1. 按API重度与密度分类

API重度（符号为$API°$）是指美国石油协会（API）确定的用于度量原油密度，从而表征原油质量的物理量。其与密度的关系如下：

$$API° = (141.5/d) - 131.5$$

在上式中，d为原油在15.5℃时的密度。原油的API重度越大，则其密度越小；反之，则其密度越大。

按API重度与密度的不同，原油可分为以下四类：

（1）轻质原油：是指API重度大于31.1且密度小于0.866 1 g/m^{3}的原油。

（2）中质原油：是指密度为0.866 1～0.92 g/m^{3}的原油。

（3）重质原油：是指密度为0.92～1 g/m^{3}的高密度原油。这类原油一般颜色较深，富含胶质与沥青质，汽油含量较轻质原油和中质原油低。

（4）超重原油：是指密度大于1 g/m^{3}的原油。

2. 按含硫量分类

按含硫量的不同，原油可分为以下三类：

（1）低硫原油：是指含有较少硫化合物尤其是挥发性硫化合物（如硫化氢、硫醇等）的原油。其含硫量一般小于0.5%。

（2）含硫原油：是指含有较多腐蚀性硫化合物的原油。其含硫量一般为0.5%～2%。

（3）高硫原油：是指含有大量腐蚀性硫化合物的原油。其含硫量一般大于2%。

（二）原油的性质

1. 挥发性

原油中含有容易挥发的碳氢化合物，具有较强的挥发性。原油的挥发速度与其温度、密度、液面面积、液面气体流速等因素密切相关。例如，密度相对较小的轻质原油比重质原油更易挥发。原油挥发，不仅会造成原油数量减少、质量降低，而且可能会引起燃烧、爆炸事故。

2. 易燃易爆性

原油遇火即可燃烧，而且越易挥发的原油就越易燃烧。同时，原油易发生爆炸，表现为化学性爆炸和物理性爆炸。其中，化学性爆炸是指当原油蒸气在空气中的浓度达到爆炸极限时，遇火就会发生急剧的化学反应而引起爆炸；物理性爆炸是指当温度升高时，原油的体积会急剧膨胀，致使压力超过容器（如立式圆筒形油罐，见图7-15）承受极限而引起爆炸。

3．易产生静电

原油在输油管道（见图 7-16）内以一定速度流动或在容器中波动时，会因与管壁或容器内壁摩擦而产生静电。当静电火花接触到周围的原油蒸气时，就可能引起燃烧甚至爆炸。

图 7-15　立式圆筒形油罐

图 7-16　输油管道

4．毒性

原油蒸气具有一定的毒性，对人体健康有害。人体少量吸入原油蒸气，会出现反应迟钝、头昏眼花、头痛、眼睛刺痛等症状；过量吸入原油蒸气，会出现麻痹症状，甚至死亡。此外，直接接触原油时，人体皮肤表面的油脂层会遭到破坏，导致皮肤发炎。一般而言，原油毒性的大小取决于原油中芳香烃（如苯）、硫化氢等成分的含量。

5．污染性

原油会对环境造成污染，主要表现在以下三个方面：

（1）空气污染。原油蒸气被紫外线照射后，会发生理化反应，生成光化学烟雾，从而破坏臭氧层，并产生致癌物。

（2）水体污染。原油泄漏到水体中，会对水生生物的生存环境造成严重破坏。原油密度大于水，会沉降到水底，致使水底生物无法呼吸和摄食；原油中的有毒物质会对水生生物的生长与繁殖产生负面影响；原油还会在水面上形成油膜，阻断水体与空气中的氧之间的交换，导致水体中的含氧量下降，进而抑制水生植物的光合作用。

（3）土壤污染。原油泄漏到土壤中，会改变土壤中有机质的结构，导致土壤中碳、氮、磷的比例失衡；原油中的有毒物质会影响土壤中微生物的生长与繁殖，从而破坏土壤的生态平衡；原油黏性较强，容易与土壤颗粒粘连，堵塞土壤孔隙，从而导致土壤通透性降低。

（三）原油的运输

1．一般要求

（1）根据从交货人到收货人的交通情况，选择便捷、经济的运输方式，使用输油管道、油船、铁路罐车（见图 7-17）或公路罐车等运输原油。

（2）确保管道（油舱、罐体）的制作材料与拟装原油具有化学兼容性，不会出现原油腐蚀管道（油舱、罐体）或者管道（油舱、罐体）污染原油的情况，从而保证原油的质量和管道（油舱、罐体）的正常使用。

（3）确保管道（油舱、罐体）的制作材料、结构与使用环境相适应，确保管道（油舱、罐体）能够承受一定的内部压力和外部冲击力，防止原油意外泄漏和其他外来物侵入，从而避免原油质量降低、数量减少，降低安全、环保风险。

（4）当需要对罐体内所装原油的体积进行计量时，应预先对罐体上的计量设备进行校准，以满足计量需要。

（5）除遵守与普通货物运输有关的法律法规和国家标准外，还应严格执行国家有关危险货物运输的所有规定。

2. 发货要求

（1）在发货前对原油进行质量检验，检验合格后方可发货，且检验后的存放时间不得超过规定期限，否则应重新检验。

（2）当以发货罐或流量计（见图 7-18）为发货点时，应对发货管道和其中原有的原油进行管控和核查，以确保经发货点计量的原油保质保量通过交接界面。

图 7-17　铁路罐车

图 7-18　流量计

释疑解惑

发货点是指交货人为确定发货数量而选定的主计量器具所在的位置。

（3）当发货罐底部存在游离水时，在发货前应尽可能将其清除，避免在发货期间将其随原油输转出去。

（4）在发货期间，不得再有新原油进入发货罐。

（5）当以衡器为发货点时，应有效监控罐车，确保其装货前后的空重不变。

（6）当以货运车船（即以散装形式运输原油的油船、罐车的总称）为发货点时，应关闭与之连接的除进货管以外的所有管道，以确保原油全部装入货运车船的计量空间内。

（7）首次使用货运车船、输油管道时，应保持其清洁；重复使用时，应确保其符合相关要求。

释疑解惑

重复使用货运车船时，无须对其进行刷洗，但应确保其无油泥和其他杂物，罐体底部残存油的宽度不超过 100 mm，油舱底部残存油的宽度不超过 10 mm。

重复使用输油管道时，无须对其进行冲洗。但当拟输油与原输油类型不同时，应用拟输油将管道冲洗几分钟。

（8）当用货运车船灌装原油时，应在货运车船上留出一定的安全空间，或确保不超过规定的灌装数量，防止温度升高或原油波动造成原油外溢或膨胀超压；宜采用密闭罐装和油气回收技术，并注意回收量对发货量的影响；应确保出油口置于容器底部。

（9）在灌装完成后，应在货运车船的所有出入口设置封条或铅封（见图 7-19）并取证，或采取其他监控措施（如安装监控设备），以便及时发现原油质量与数量改变的原因。

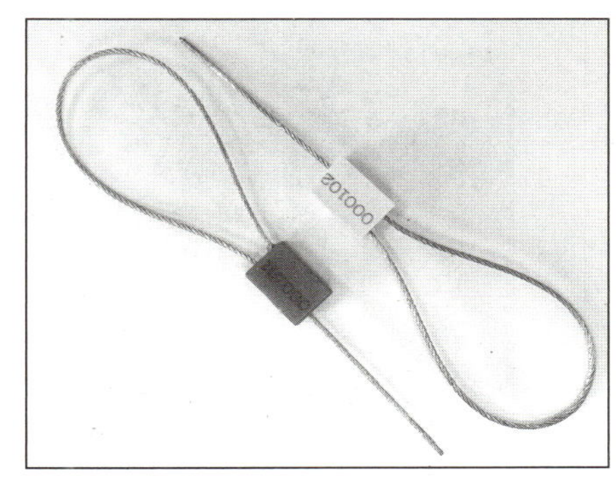

图 7-19　铅封

3. 运货要求

（1）当使用货运车船运输原油时，若原油的流动性不足，则应在运输途中对其进行加热。

（2）当使用管道输送原油时，应有效管控原油的流动状态，必要时应采取加热、增压或均化措施，以满足原油取样、计量等方面的要求。

（3）有效监控涉及运输安全和原油质量、数量的信息变化，确保在出现异常情况时，能够迅速启动应急预案，最大限度地降低安全风险与经济损失，并为解决验货争议提供依据。

4. 卸货要求

（1）当以流量计或收货罐为验货点时，应有效管控验货点与其到交接界面的管道，确保以下几点：① 内装原油质量合格、数量已知；② 在卸货期间来自交接界面的原油全部流经或流入验货点；③ 收货罐无原油外溢；④ 尽可能减少原油的蒸发损耗。

释疑解惑

验货点是指收货人为确定收货数量而选定的主计量器具所在的位置。

（2）当以货运车船为验货点时，应在卸货前检查其铅封或监控设备，确认原油在运输途中未发生异常变化；在卸货期间有效监控油舱、罐体，确保卸净所有已计量过的原油。对于重复使用但非专用的货运车船，应在卸货后做好相关记录或标识，以便能够有效识别其上次所装原油的类型。

（3）当以发货点为验货点时，上述发货作业中的相关要求也适用于卸货作业。

（四）原油的储存

（1）按原油的类型、批量和用途等，将其储存于不同类型、容积和功能的立式罐、卧式罐（见图7-20）、球形罐（见图7-21）等大型储罐中。

图7-20　卧式罐

图7-21　球形罐

（2）考虑原油会随着温度升高而膨胀和蒸发的特性，将原油储存在安全高度以下，以确保原油不会外溢。

（3）尽可能将原油储存于浮顶罐或能够创造低温环境的储罐中；否则，在高温季节应采取降温措施，以减少原油的蒸发损耗，控制罐内压力，消除质量与安全隐患。

释疑解惑

浮顶罐可分为外浮顶罐和内浮顶罐。其中，外浮顶罐是指在敞开的储罐内安装浮动顶盖的储罐，内浮顶罐是指在固定顶罐内部再加上一个浮动顶盖的储罐。

浮顶罐的浮动顶盖漂浮在油面上，会随着原油的输入、输出而上下浮动，使得罐内原油与空气隔绝，从而可以大幅减少原油在储存期间的蒸发损耗。

（4）对于流动性较差的原油，应采取伴热和搅拌措施，确保能够正常进行取样、计量和输转作业。

释疑解惑

伴热是指为防止容器内液体因温度下降而凝结、产生凝液或黏度升高，保持温度稳定等，在容器外或容器内进行间接加热的措施。

（5）采取措施对原油库存变化进行实时监控，确保在做好损耗管理的同时，能够有效识别原油的跑冒滴漏和错误输转造成的异常变化，并及时报警。

（6）定期检验、跟踪原油的质量变化，及时发现并消除质量隐患，避免发生质量事故；及时或定期清洗储罐，以防罐内沉积物过多，导致原油质量下降。

（7）定期检查并维护储存场所、储罐及相关的辅助设备，确保其正常运行。

（8）除遵守与普通货物储存有关的法律法规和国家标准外，还应严格执行国家有关危险货物储存的所有规定。

课堂活动

在一次清罐作业中，几名物流作业人员进入原油储罐内进行割密封带作业。割开密封带后，从储罐内泄漏的原油蒸气与空气混合，使得局部浓度达到了爆炸极限。此外，罐内物流作业人员穿的是非防静电工作服，而且在作业过程中使用壁纸刀等非防爆型工具，导致静电产生，最终引发爆炸性混合气体爆燃。此次爆燃事故共导致一名人员死亡，三名人员受伤。

原油属于典型的危险货物。为避免上述类似事故的发生，在进入储罐内作业时，物流作业人员应穿上具有防静电功能的工作服，并使用防爆型工具，充分做好安全防护工作。

回忆危险货物储存的有关规定，结合原油的性质，说一说储存原油时还应满足哪些要求。

二、液化天然气

液化天然气是指主要由甲烷组成，可能含有少量乙烷、丙烷、丁烷、氮或通常存在于天然气中的其他组分的一种无色低温液态流体。液化天然气是由天然气冷却到−161℃而制得的，液化后的体积是液化前的1/634，因此将天然气液化成为一种大量运输天然气的经济方法。

（一）液化天然气的分类

按甲烷摩尔分数和高位体积发热量的不同，液化天然气可分为三类，如表7-2所示。

表 7-2 液化天然气的分类

类型	甲烷摩尔分数/%	高位体积发热量/（MJ/m^3）
贫液类	＞97.5	≥37.0 且＜38.0
常规类	86.0～97.5	≥38.0 且≤42.4
富液类	75.0～86.0	＞42.4

注：当液化天然气的甲烷摩尔分数和高位体积发热量对应的类型相互矛盾时，以甲烷摩尔分数为标准对液化天然气进行归类。

释疑解惑

摩尔分数又称物质的量分数，是指某组分物质的量与混合物中各组分物质的量的总和之比，通常用来表示混合物中某组分物质的含量。

高位体积发热量是指规定体积的气体与氧气完全燃烧时所释放出的热量。

（二）液化天然气的性质

1．易燃易爆性

液化天然气是以甲烷为主要成分的烃类混合物，极易燃烧。当液化天然气蒸气在密闭空间内积聚时，遇到点火源即可发生爆炸，并产生高压冲击波和高温。

2．温度极低

在空气压力下，液化天然气的温度可达到−161℃以下。人体皮肤直接接触液化天然气，会造成冷灼伤，出现皮肤起泡现象；直接接触装有液化天然气的容器或管道，会被容器或管道的金属外壁粘住，如果用力移开，则会导致皮肉撕裂。人体长时间暴露在寒冷的液化天然气蒸气环境中，会引起呼吸不适、皮肤冻伤、肺部损伤，甚至体温过低。

3．受热膨胀性

极少量的液化天然气就可以转变为体积很大的气体。一般而言，1 单位体积的液化天然气可以转变为约 600 单位体积的气体。随着温度的升高，液化天然气的体积会逐渐增大，导致储运容器内部的压力上升，严重时可导致储运容器胀裂。

4．毒害性

液化天然气本身是无毒的，但其蒸气可令人窒息。当空气中的液化天然气蒸气浓度过高时，人体会感到恶心和头晕。

（三）液化天然气的运输

1．陆路运输

通过陆路运输液化天然气时，可选用罐车或罐式集装箱。进行装卸作业时，应满足以下要求：

（1）装卸前，应做好以下工作：① 用仪表设定好装卸数据，以防超装；② 检查装卸设备（如液货装卸臂，见图 7-22），确认各阀门均处于正确位置。

（2）在装卸作业期间，应做好以下工作：① 缓慢进行装卸作业；② 监控液化天然气的压力和温度，若出现异常变化，则应立即停止装卸作业；③ 确保在距离液化天然气设施（如储罐系统，见图 7-23）7.6 m 范围内、蒸气密度大于空气的制冷剂设施 15 m 范围内，无铁路和通行的车辆。

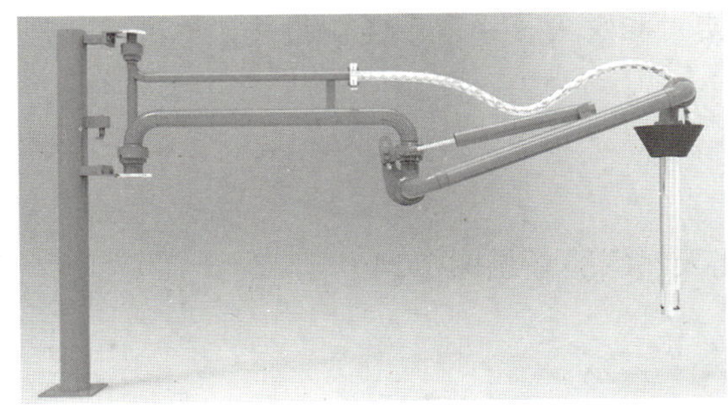

图 7-22　液货装卸臂

图 7-23　储罐系统

（3）使用罐车运输液化天然气时，应做好以下工作：① 在装卸前将车辆停妥，以便在完成装卸作业后能够及时将车辆驶出装卸作业区域；② 在将车辆与装卸设备连接前，对车辆进行检查，确认正确设置刹车、脱轨器或开关的位置，在前后车轮处摆放楔形枕木，并设置警告标识或警示灯；③ 在完成装卸作业且拆除车辆连接装置前，不得移除或重置警告标识或警示灯；④ 在车辆就位后设置好接地装置；⑤ 在车辆与装卸设备脱开连接且挥发出的液化天然气蒸气消散后方可启动车辆发动机。

天然气罐车发生泄漏如何进行有效补救

（4）需要从罐式集装箱顶部装卸时，应在打开顶盖前屏蔽管道电或进行接地操作。

（5）在装卸作业区域配备通信设备，以便装卸作业人员能够与在远处配合装卸作业的工作人员联系。

同步案例

液化天然气泄漏致爆炸

某日，一辆运输液化天然气的罐车在卸货过程中发生液化天然气泄漏，引起重大爆炸着火事故，造成多人死亡。

经调查发现，发生此次事故的主要原因是肇事罐车驾驶员长途奔波，在午夜进行液化天然气卸货作业时，未严格遵守卸货规定，致使装卸设备接口与罐车液相卸料管未能可靠连接，最终导致罐体内液化天然气大量泄漏。同时，现场工作人员在发生泄漏事故后未能及时采取有效处置措施，泄漏后的液化天然气急剧气化，迅速扩散，与空气混合后形成爆炸性混合气体并达到爆炸极限，遇点火源发生爆炸。液化天然气泄漏区域持续燃烧，导致泄漏车辆罐体、装卸作业区域内停放的其他运输车辆罐体先后发生连续爆炸。

此次事故发生后，相关部门依据法律规定对相关人员采取了强制措施，并追究其刑事责任。

2. 水路运输

通过水路运输液化天然气时，应选用液化天然气船（见图 7-24）。

图 7-24　液化天然气船

1）一般安全要求

运输液化天然气时，应满足以下安全要求：

（1）定期检查船舶的消防设施与系统，确保其处于良好状态。

（2）定期检查船舶电动机房、货物压缩机室、货泵舱、装有货物装卸设备的处所及其他封闭处所（需要保持惰化状态的处所除外）的通风系统，并在船舶作业期间使其保持运行状态。

（3）进入液货舱、屏蔽间、留空处所、隔离空舱、内设货物管道的处所及可能积聚液化天然气蒸气的其他处所前，应对其进行有效通风。当空气质量达到《防止船舶封闭处所缺氧危险作业安全规程》（GB 16993—2021）的要求后，方可进入上述封闭处所。进入上述封闭处所时，应遵守船方制订的进入封闭处所的规则，并获得船长或其指定的责任人的许可。在上述封闭处所外的明显位置，应设置进入前进行通风的警告标识。

（4）在船舶靠离泊、作业期间，应确保船上作业区域、甲板和船岸通道具备良好的照明条件，在爆炸危险区域内安装与所处危险区域防爆等级相符的合格防爆型照明设备。

（5）在爆炸危险区域内使用与所处危险区域防爆等级相符的合格防爆型通信设备。

（6）在船舶靠离泊、作业期间，应确保船与岸、船与船之间保持良好的通信联络。若无法保持有效联络，则应停止作业。

（7）随身携带防爆型手提式对讲机。

（8）按规定在船舶上配置并定期检查、维护和校验气体探测仪与报警装置。

（9）进入液货舱和屏蔽间作业时，应携带便携式气体探测仪，并确保处所保持通风状态。若发现异常，则应立即停止作业，及时撤离。

（10）当可能接触液化天然气及其蒸气时，应根据其性质正确穿戴防护服和其他人员保护设备。船舶上配备的人员保护设备应保存在易于接近并有明显标识的适当处所，妥善保管，以便随时可用。

（11）在作业期间，应按规定显示危险货物作业信号。

（12）外来人员登船应经船方许可，船方应对人员登离船进行登记。

2）装卸作业要求

进行装卸作业前，应满足以下要求：

（1）在船舶抵达和靠泊前，应与港口方相互交换信息，包括进出港巷道信息、船舶的总长度、货物成分、货物密度、泊位的消防设施或器材、作业区域的气象预报信息等。

（2）会同港口方召开会议，共同确定装卸计划。

（3）会同港口方确认船舶已安全系泊。

释疑解惑

系泊是指用缆绳或锚链使船舶系驻在指定位置的作业过程。

（4）确认装卸设备已安装绝缘法兰（即使不同部位相互连接的零件，见图 7-25），或已采取其他绝缘措施，并确认装卸管道已进行接地操作。

图 7-25 法兰

（5）将液货装卸臂或货物装卸软管与装卸管汇（即多根管道交会而成的组合体）连接好后，应进行试压，确认连接处无泄漏风险。

（6）对与货物驳运有关的应急关闭系统、监测报警系统和货物装卸控制设备进行测试，其中对应急关闭系统的测试包括冷态测试和热态测试。

（7）在装卸管汇接头处附近接妥两根消防水带，放置便携式灭火器，并保证其随时可用。

（8）将放置在装卸作业区域的干粉软管从架上拉出，同时将干粉枪（炮）对准装卸作业区域的管汇处。

（9）保持船岸通道畅通。船长超过 150 m 的船舶，应设有第二通道。若条件不允许，则应使船舶外舷的一艘救生艇处于随时降落状态，或备妥外舷梯。

（10）会同港口方进行船岸安全检查，并签字确认。

进行装卸作业时，应满足以下要求：

（1）确保甲板室或上层建筑的所有门窗及其他开口和从液货舱吸入空气的空调系统保持关闭状态；确保装设在居住舱内且不从外界吸入空气的空调系统保持运行状态，使得居住舱内保持正压，防止液化天然气蒸气被吸入。

（2）在装卸管汇连接处设置集液盘，并开启可保护船壳板的水幕系统。

（3）对装卸管道进行惰化、置换、预冷等操作。

（4）持续监控液货舱温度、压力和液位的变化。

（5）按照规定对装卸作业期间产生的液化天然气蒸气进行处理，避免不必要的排放。

（6）按照货物操作手册的要求进行装卸作业。

（7）确保液货舱积载量不超过充装极限。

完成装卸作业后，应满足以下要求：

（1）拆卸装卸管道前，应对其进行扫线或惰化操作，确保周围没有任何点火源存在，并在连接处下方铺设绝缘垫，以防法兰撞击其他物体或螺栓、螺帽掉落在甲板上产生火花。

释疑解惑

扫线是指将管道中的介质用另一种介质置换出来的过程，具体方法有蒸气吹扫、水冲洗、氮气吹扫等。

（2）拆除船岸间设备时，应采取安全措施，防止坠落。

（3）会同港口方进行装卸作业后检查，并签字确认。

（四）液化天然气的储存

液化天然气一般储存于专用的、选址与设计符合相关规定的液化天然气站场（以下简称“站场”）内。由于液化天然气属于危险货物，储存液化天然气时，应满足以下要求：

（1）具备条件时，宜将贫液类液化天然气与富液类液化天然气分罐储存。

（2）采取措施防止土壤结冰或冻胀对液化天然气设施造成破坏。

（3）对于堆积于高大设施顶部的冰雪，应采取有效措施防止冰雪坠落，以免人员受伤和设备受损。

（4）发现储罐、管道和其他设备处有液化天然气泄漏时，应及时采取相应措施，将泄漏事故对站场外周边设施的危害最小化，并避免泄漏的液化天然气进入周边水域。

（5）不得将站场内的消防车和移动消防器材挪作他用。

（6）停止使用或恢复使用可能积聚可燃性混合物的液化天然气设施前，应按照相关规定对其进行吹扫置换操作。

知识拓展

液化天然气站场

液化天然气站场是指具有天然气净化和液化、液化天然气储存和装运、液化天然气接卸和再气化功能的站场。一般而言，站场中包括储存设施（如液化天然气储罐等）、气化设施（见图 7-26）、管道系统和管道元件、电力设施、消防设施、拦蓄设施等。

图 7-26 气化设施

进行液化天然气站场选址时，应遵循以下原则：

（1）根据所在地区的地形、地质、水文、气象、交通、消防、供排水、供电、通信、可利用土地和社会生活等方面的条件，对可供选择的具体站址进行技术、经济、安全、环境、征地、拆迁、管理等方面的综合评价，然后选择最优站址。

（2）确保选址符合当地城镇规划、工业区规划和港区规划；确保站场自然条件有助于废气扩散、废水排放，远离其他环境敏感目标，并具备全天候疏散条件。

（3）根据液化天然气进出站场的位置和用地面积确定站址，宜将站场建在天然气需求量大、用户集中的地区，并使其位于临近居民区全年最小频率风向的上风侧。

（4）确保公路、地区架空电力线路、地区输油（气）管道不穿过站场。

（5）不得将站场建在以下地区和区段内：① 有土崩、活动断层、滑坡、沼泽、流沙、泥石流的地区和地下矿藏被开采后有可能塌陷的地区，以及其他方面不满足工程地质要求的地区；② 受洪水、潮水或内涝威胁的地区；③ 抗震设防烈度为 9 度及以上的地区；④ 饮用水水源保护区；⑤ 自然保护区；⑥ 历史文物、名胜古迹保护区。

撰写储运事故视频观后感

实训步骤

（1）全班学生自由分组，每组 3～5 人，并选出一名小组长。

（2）小组长组织小组成员，搜集与原油、液化天然气或其他散装液体货物有关的储运事故视频（每组不少于 3 个），将视频简单加工后提交给老师。

（3）老师对各小组提交的视频进行筛选，然后在课堂上播放筛选后的视频，引发学生的思考。

（4）各小组撰写一篇不少于 500 字的观后感。

（5）老师对各小组提交的观后感进行点评。

1. 填空题

（1）谷物____________是指谷物在物流活动中出现的温度异常升高的现象。

（2）金属矿是指经冶炼可以从中提取____________的矿石。

（3）按煤化程度的不同，煤炭可分为褐煤、烟煤和____________。

（4）散装液体货物又称____________，是指呈液体状态且一般以灌注方式装入液货船、罐车或罐式集装箱运输的____________。

（5）按甲烷摩尔分数和高位体积发热量的不同，液化天然气可分为贫液类、常规类和____________。

2. 单项选择题

（1）将粮温相差（　　）以上的不同批次的谷物混储时，应采取通风措施，使粮温均衡。

A．3℃　　B．5℃

C．8℃　　D．10℃

（2）金属元素的原子半径相对较小，原子核与核外电子结合得更紧密，这使得金属元素在体积相对较小的情况下具有较大的重量。因此，金属矿具有较大的（　　）。

A．密度　　B．比重

C．体积　　D．面积

（3）煤炭在空气、水分和生物等外力的长期联合作用下会发生破坏或化学分解。这体现的是煤炭的（　　）。

A．污染性　　B．自燃性

C．腐蚀性　　D．风化性

（4）液化天然气是由天然气冷却到（　　）而制得的。

A．−161℃　　B．−163℃

C．−164℃　　D．−165℃

3．多项选择题

（1）以下选项中，属于谷物的性质的有（　　）。

A．陈化性　　B．会呼吸

C．挥发性　　D．吸湿性

（2）以下选项中，属于原油的性质的有（　　）。

A．易燃易爆性　　B．易产生静电

C．毒性　　D．污染性

（3）原油可使用（　　）等运输。

A．输油管道　　B．油船

C．铁路罐车　　D．公路罐车

4．简答题

（1）运输谷物时，物流作业人员应满足哪些卫生要求？

（2）储存金属矿时，应满足哪些要求？

（3）在船舶上积载煤炭前，应做好哪些工作？

（4）简述液化天然气的性质。

请进行学习成果评价，并将评价结果填入表 7-3 中。

表 7-3　学习成果评价表

评价项目	评价内容	分值	评价分数	
			自评	师评
知识（40%）	谷物的性质、运输与储存要求	8		
	金属矿的性质、运输与储存要求	8		
	煤炭的分类、性质、运输与储存要求	8		
	原油的分类、性质、运输与储存要求	8		
	液化天然气的分类、性质、运输与储存要求	8		

（续表）

评价项目	评价内容	分值	评价分数	
			自评	师评
技能（40%）	能够合理运输与储存谷物	8		
	能够合理运输与储存金属矿	8		
	能够合理运输与储存煤炭	8		
	能够合理运输与储存原油	8		
	能够合理运输与储存液化天然气	8		
素养（20%）	乐于学习，勤于学习，善于学习	5		
	具备团队精神，积极与人合作	5		
	严谨细致，精益求精	5		
	挖掘创新潜能，提高创新能力	5		
合计		100		
总评（自评×40%+师评×60%）			老师签名：	

项目八

集装箱货物

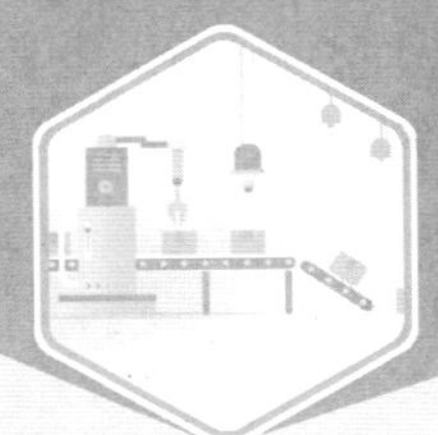

项目引言

集装箱的出现和集装箱标准体系的建立，适应了工业经济时代对物流运输专业化、机械化和自动化的要求，进一步推动了全球经济一体化的发展。使月集装箱装载货物，再通过铁路、公路、水路等进行运输，有助于实现装卸搬运合理化，减少货损、货差，降低货物运输成本，提高货物运输质量。本项目主要介绍集装箱和集装箱货物的相关知识。

知识目标

- ✓ 熟悉集装箱的概念、分类和标记。
- ✓ 熟悉集装箱货物的分类。
- ✓ 掌握集装箱货物的装箱步骤和装箱要求。
- ✓ 熟悉预防集装箱货物汗湿的措施。

素质目标

- ✓ 了解国际标准集装箱，强化标准意识，助力中国物流业行稳致远。
- ✓ 了解新型干散货集装箱，树立科技创新意识，为建设科技强国做贡献，助力现代物流业高质量发展。

任务一 熟悉集装箱

任务导入

一日，码头工人小肖被分配了一项任务——清洗一组罐式集装箱。在开始工作前，小肖按照公司规定穿上绝缘工作服，戴上防护手套。小肖沿着扶梯登上集装箱时，看到了扶梯旁的标记，但他不知道该标记的含义。在作业过程中，小肖觉得防护手套没起到作用，又十分碍事，便将其脱了下来。不久后，小肖正在清洗的集装箱出现漏电情况，由于未做好防护措施，他当即触电并滚落下来。

问题：

（1）集装箱可分为哪些类型？上述案例中的罐式集装箱属于哪种类型？

（2）集装箱的标记有哪些？上述案例中涉及的标记是什么？

一、集装箱的概念

集装箱又称货箱、货柜，是指专供货物运输中长期周转使用的标准装货容器。集装箱需要具备以下条件：

（1）具有足够的强度，在有效使用期内能够反复使用。

（2）适用于一种或多种运输方式，途中无须倒装。

（3）设有供快速装卸的装置，便于从一种运输方式转到另一种运输方式。

集装箱运输

（4）便于箱内货物装满和卸空。

（5）内容积大于或等于 1 m^3。

知识拓展

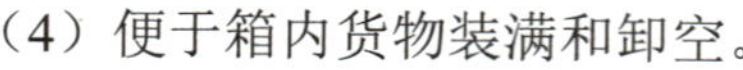

集装箱的“前世今生”

早在 1801 年，英国的詹姆斯·安德森博士就提出了集装箱运输的设想。1830 年，英国铁路上首先出现了一种装运煤炭的容器，随后又出现了装运百货的容器。1845 年，英国铁路上出现了全封闭式货运车厢，厢体为铁木结构。到了 19 世纪下半叶，英国兰开夏郡出现了一种带有活动框架的铁路托盘，用来装运棉纱和棉布。这种托盘俗称“兰开夏托盘”，可以看作集装箱的雏形。

20 世纪初，英国铁路上出现了较为简单的集装箱，尝试将家具装在木制箱子里，先用铁路平板车运输，到站后用起重机将箱子转移到汽车上，然后继续将箱子运至目的地。这种新型运输方式很快就得到了推广。1920 年前后，美国铁路公司引入了钢制集装箱。法国和日本也先后于 1928 年和 1930 年开始使用集装箱。

自 20 世纪 50 年代开始，全球主要国家开始推动集装箱的标准化。1961 年，国际标准化组织 104 技术委员会（以下简称“ISO/TC104”）成立，着手研究国际集装箱标准。1964 年，ISO/TC104 制定了第一项有关集装箱外形和额定质量（即最大总质量，是作业时的最高值，也是试验时的最低值）的国际标准，对集装箱的型号、外部尺寸等进行了规定，并统一了装卸工艺。该标准对国际集装箱的标准化具有重要意义，对推动国际集装箱运输发展起到了决定性的作用。

二、集装箱的分类

（一）按适用的货物类型分类

按适用的货物类型的不同，集装箱可分为普通货物集装箱、特种货物集装箱和空运集装箱。

1. 普通货物集装箱

普通货物集装箱是指除装运温控货物、液态或气态货物、散装货物、汽车和活动物等特种货物的集装箱和空运集装箱以外的其他类型集装箱的总称。普通货物集装箱又可分为通用集装箱和专用集装箱。

1）通用集装箱

通用集装箱又称杂货集装箱，是指设有刚性箱顶、侧壁、端壁和底部结构，至少在一个端部设有箱门，且具有风雨密性（即在遇到风浪时能够防止水分透入箱体内的性能）的全封闭式集装箱，如图 8-1 所示。通用集装箱是应用最广泛的集装箱，我国使用的 1 t、3 t、5 t 集装箱和 ISO/TC104 推荐的 11 种国际标准集装箱均属于此类。

图 8-1　通用集装箱

2）专用集装箱

专用集装箱是指能够不通过箱门进行货物装卸、具有透气或通风功能的结构特殊的集装箱。专用集装箱又可分为四类，如表 8-1 所示。

表 8-1　专用集装箱的分类

类型	说明
封闭式透气集装箱	又称封闭式通风集装箱，是指具有刚性箱顶、箱壁和箱门，以及与外界空气进行气流交换的装置，且具有特殊用途的全封闭式集装箱。其通风方式既可以是自然通风，也可以是机械通风
敞顶集装箱	是指没有刚性箱顶，但有通过可转动或可拆卸的顶梁来支撑的柔性顶盖，其他部分与通用集装箱类似的具有特殊用途的集装箱。这类集装箱的箱门上设有一根可移动或可拆卸的横梁
平台式集装箱	是指没有上部结构，只有载货平台的集装箱，如图 8-2 所示。这类集装箱的平面尺寸、额定质量和供搬运和紧固作业的设施等均符合标准集装箱要求
台架式集装箱	是指无侧壁且其底部结构与平台式集装箱相同的集装箱，如图 8-3 所示。这类集装箱适于装运重型机械、钢材、车辆、原木等货物。将两个及以上台架式集装箱组合在一起，可构成大型载货平台，用来装运特大件货物

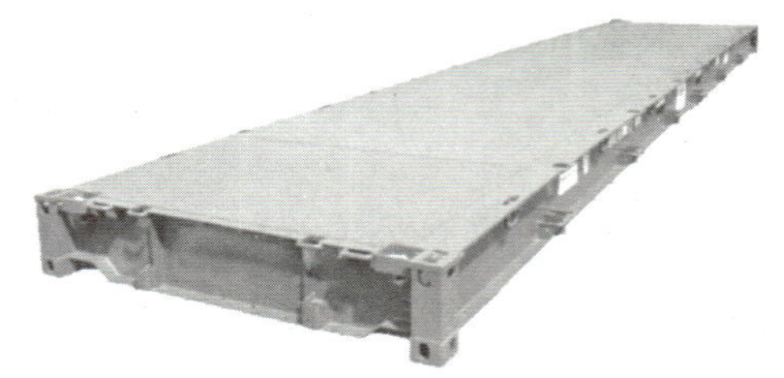

图 8-2　平台式集装箱

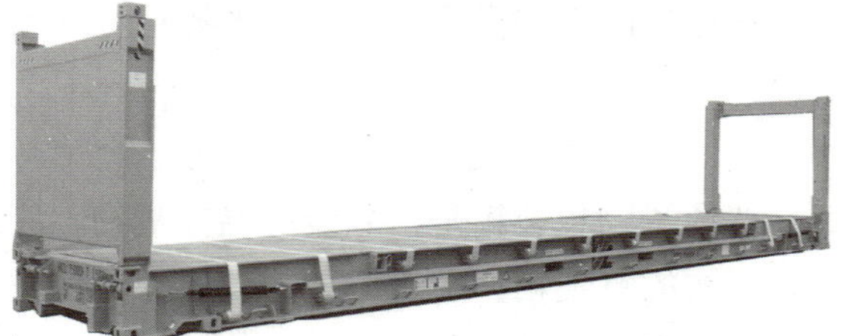

图 8-3　台架式集装箱

2. 特种货物集装箱

特种货物集装箱是指用于装运温控货物、液态或气态货物、散装货物、汽车和活动物等特种货物的集装箱。特种货物集装箱又可分为四类，如表 8-2 所示。

表 8-2　特种货物集装箱的分类

类型	说明
保温集装箱	设有具有隔热性能的箱壁、箱门、箱底和箱顶，可以减少箱内、外热量交换，适于装运温控货物。这类集装箱又可分为以下四类： （1）绝热集装箱：无制冷和加热装置，箱壁上设有导热率低的泡沫塑料等隔热材料 （2）冷藏集装箱：适于装运需冷藏的货物，可分为机械式冷藏集装箱和消耗式冷剂冷藏集装箱。前者又称内藏式冷藏集装箱，设有制冷装置，主要适于装运冷冻食品；后者直接利用冰、干冰、液氮等冷源降温，无须从外部供应动力源，主要适于装运水果、蔬菜等鲜活货物

（续表）

类型	说明
保温集装箱	（3）加热集装箱：设有加热装置，一般在寒冷地区为防止所装运货物冻结或装运需要保温的货物时使用 （4）冷藏与加热集装箱：同时设有嵌入式制冷和加热装置
罐式集装箱	由箱体框架和罐体两部分组成，罐体的顶部设有注入货物和对罐内壁进行清洗用的入孔，端部设有排出阀和排出口，有的还设有高压、低压、保温或加热装置。这类集装箱适于装运油料、酒精及其他液体化学品，也可用于装运粉末状货物。装运粉末状货物时，需要加装将粉末状货物吸出的装置
干散货集装箱	设有便于装满和卸空的开口，适于装运无包装的干散货，如粮食、饲料、水泥、砂石等
以货种命名的集装箱	专门或主要用于装运某种特定货物，如汽车集装箱、动物集装箱、兽皮集装箱、挂衣集装箱等

释疑解惑

挂衣集装箱是指专门用于装运成衣的全封闭式集装箱。为防止成衣受潮和箱壁结露，箱壁上一般设有内衬板。箱顶内部装有吊挂成衣的钢杆；有的挂衣集装箱中有网或绳结从箱顶上挂下，便于将成衣挂在网孔或绳结上。图 8-4 展示了挂衣集装箱内部的情况。

图 8-4　挂衣集装箱的内部

创新之路

新型干散货集装箱上市

某公司于 2023 年 10 月推出了新型干散货集装箱。该公司通过升级制造材料、改进制造工艺和改良箱体设计，增强了该款集装箱的耐久性、实用性和环保性，使其能够适应内贸散装货物和重型普通货物的复杂运输环境，满足客户的个性化用箱需求，助力内贸市场降本增效。

具体而言，该款集装箱的“新”主要体现在以下几个方面：

（1）材料强度升级。该款集装箱的侧板、顶板、前板用高强度钢制成，这种钢材的抗拉强度约为普通钢材的两倍。

（2）结构强度升级。该款集装箱的侧板和前板更厚，前底梁和侧底梁的设计得到优化，整体结构强度和承重能力有所提高。

（3）货物适配度升级。该款集装箱喷涂了水性涂料，箱内气味较淡，适合运输多种货物。

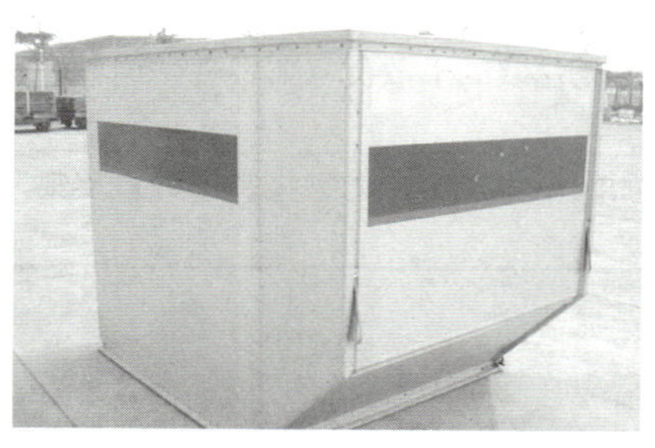

图 8-5　航空集装箱

3. 空运集装箱

空运集装箱可分为以下两类：

（1）航空集装箱：是指适用于空运，具有平齐的底面和在航空器内限动的装置，能够在空运设备的辊道系统上平移或转向的轻型集装箱，如图 8-5 所示。

（2）空陆水联运集装箱：是指具有航空集装箱的特点，能够适应水运和陆运条件并满足多式联运需求的联运集装箱。

课堂活动

请判断图 8-6 中的货物分别适合使用哪种集装箱运输。

苹果　鞋子　大豆

挖掘机　奶牛　丝绸连衣裙

图 8-6　各种货物

（二）按制造材料分类

按制造材料的不同，集装箱可分为以下几类：

图 8-7　木集装箱

（1）木集装箱：主要优点是自重小，制造工艺简单，造价低；主要缺点是水密性和抗震能力较差，易受潮发霉，易被虫蛀，易燃。木集装箱如图 8-7 所示。

（2）钢集装箱：主要优点是强度大，结构坚固，焊接性与水密性良好，易修理，造价较低；主要缺点是自重大，抗腐蚀性较差，易生锈，使用年限较短。

释疑解惑

焊接性是指金属材料对焊接加工的适应性，主要体现为在一定的焊接工艺条件下，获得优质焊接接头的难易程度。

（3）铝合金集装箱：主要优点是自重小，抗腐蚀性良好，不易生锈，使用年限较长；主要缺点是造价较高，焊接性较差。

（4）玻璃钢集装箱：主要优点是强度大，结构坚固，隔热性、水密性、耐化学性良好，易修理，易清理；主要缺点是自重大，造价高。

释疑解惑

耐化学性是指材料在使用和储存过程中耐受各种化学因素（如酸、碱、氯、氟、油、苯等溶剂）的作用而保持其力学性能、物理形态和化学性质不变的能力。

（5）不锈钢集装箱：主要优点是强度大，抗腐蚀性良好，不易生锈，在使用期间无须进行维修保养；主要缺点是造价高。罐式集装箱多为不锈钢集装箱。

（三）按结构分类

图 8-8　折叠式集装箱

按结构的不同，集装箱可分为以下三类：

（1）封闭式集装箱：是指箱体完全封闭的集装箱。

（2）开敞式集装箱：是指没有完整上部结构的集装箱。敞顶集装箱、平台式集装箱、台架式集装箱都属于开敞式集装箱。

（3）折叠式集装箱：是指处于空箱状态时可折叠起来的集装箱，如图 8-8 所示。使用这类集装箱，有助于节约空箱运输时占据的运输工具空间。

（四）按适用的标准分类

按适用的标准的不同，集装箱可分为以下三类：

（1）国际标准集装箱：是指按 ISO 标准制造的集装箱。现在使用的国际标准集装箱主要是系列 1 集装箱，包括 1EEE、1EE、1AAA、1AA、1A、1AX、1BBB、1BB、1B、1BX、1CCC、1CC、1C、1CX、1D、1DX 等 16 种箱型。

知识拓展

系列 1 集装箱的箱型、外部公称尺寸和额定质量

系列 1 集装箱的箱型、外部公称尺寸（包括公称长度、公称宽度和公称高度）和额定质量如表 8-3 所示。

表 8-3　国际标准集装箱的箱型、外部公称尺寸和额定质量

<table>
<tr><th rowspan="2">箱型</th><th colspan="3">外部公称尺寸</th><th rowspan="2">额定质量/kg</th></tr>
<tr><th>公称长度/ft</th><th>公称宽度/ft</th><th>公称高度</th></tr>
<tr><td>1EEE</td><td rowspan="2">45</td><td rowspan="6">8</td><td>9 ft 6 in</td><td rowspan="2">30 480</td></tr>
<tr><td>1EE</td><td>8 ft 6 in</td></tr>
<tr><td>1AAA</td><td rowspan="4">40</td><td>9 ft 6 in</td><td rowspan="4">30 480</td></tr>
<tr><td>1AA</td><td>8 ft 6 in</td></tr>
<tr><td>1A</td><td>8 ft</td></tr>
<tr><td>1AX</td><td><8 ft</td></tr>
<tr><td>1BBB</td><td rowspan="4">30</td><td rowspan="10">8</td><td>9 ft 6 in</td><td rowspan="4">30 480</td></tr>
<tr><td>1BB</td><td>8 ft 6 in</td></tr>
<tr><td>1B</td><td>8 ft</td></tr>
<tr><td>1BX</td><td><8 ft</td></tr>
<tr><td>1CCC</td><td rowspan="4">20</td><td>9 ft 6 in</td><td rowspan="4">30 480</td></tr>
<tr><td>1CC</td><td>8 ft 6 in</td></tr>
<tr><td>1C</td><td>8 ft</td></tr>
<tr><td>1CX</td><td><8 ft</td></tr>
<tr><td>1D</td><td rowspan="2">10</td><td>8 ft</td><td rowspan="2">10 160</td></tr>
<tr><td>1DX</td><td><8 ft</td></tr>
</table>

注：公称尺寸是指不考虑公差（即实际参数值的允许变动量）并将其化整到最接近整数的尺寸。公称尺寸通常用英制单位（如英尺，符号为 ft）表示。

（2）国家标准集装箱：是指按我国国家标准制造的集装箱。例如，2CCC、2CC、2C、2BBB、2BB、2B、2AAA、2AA、2A、2EEE、2EE 等 11 种适用于内陆多式联运的集装箱的尺寸和额定质量在国家标准《系列 2 集装箱 分类、尺寸和额定质量》（GB/T 35201—2017）中有具体规定。

（3）非标准集装箱：是指与国际标准集装箱和国家标准集装箱规格不同的集装箱。这类集装箱通常是按客户要求定制的，可以满足特定货物的运输需求。

三、集装箱的标记

对集装箱进行标记，既便于在流通和使用过程中识别和管理集装箱，又便于编制单据和传输信息。集装箱的标记可分为识别标记和作业标记两类。以下以国际标准集装箱为例，介绍与集装箱的标记有关的知识。

（一）识别标记

集装箱的识别标记包括箱主代码、设备代码、序列号、校验码、尺寸代码和箱型代码。

1．箱主代码

箱主代码由 3 位大写拉丁字母组成，具备唯一性，且应在获得认可的国家机构或直接在国际集装箱局（BIC）登记注册。例如，“CLH”为中国海运集团有限公司的箱主代码，“CHC”为中国扬子江轮船股份有限公司的箱主代码。

2．设备代码

设备代码由 1 位大写拉丁字母表示。其中，“U”表示集装箱，“J”表示挂装在集装箱上的设备，“Z”表示集装箱挂车或底盘车。

3．序列号

序列号由 6 位阿拉伯数字组成；不足 6 位时，应在其前面置 0，以补足 6 位数字。例如，序列号为“1234”时，应以“001234”表示。

4．校验码

校验码是通过箱主代码、设备代码和序列号求得的，用于检验箱主代码和序列号传递的准确性。

5．尺寸代码

尺寸（指外部尺寸）代码由 2 位字符组成：

（1）第 1 位：用 1 位数字或拉丁字母表示箱长。例如，箱长为 20 ft 时，对应的代码为“2”；箱长为 45 ft 时，对应的代码为“L”。

（2）第 2 位：用 1 位数字或拉丁字母表示箱宽和箱高。例如，箱宽为 8 ft、箱高为 8 ft 时，对应的代码为“0”；箱宽大于 8 ft 3 in、箱高为 9 ft 6 in 时，对应的代码为“N”。

6. 箱型代码

箱型代码主要用于集装箱保有量的统计和作业数据的交换。其由 2 位字符组成：

（1）第 1 位：用 1 位拉丁字母表示箱型。例如，平台式集装箱对应的代码为“P”。

（2）第 2 位：用 1 位数字表示该箱型的特征。例如，当平台式集装箱有固定角柱，带有活动的侧柱或可拆卸的顶梁时，用代码“2”表示该特征。

知识拓展

识别标记的排列

箱主代码、设备代码、序列号和校验码可选择横向单行排列、竖向单行排列、分组竖向排列或分组横向排列。当箱主代码、设备代码、序列号和校验码以不同方式排列时，尺寸代码和箱型代码的排列方式也有所不同。但无论采用哪种排列方式，箱主代码与设备代码应紧挨在一起，与序列号之间至少有一个字符的间隔；序列号与校验码之间应有一个字符的间隔；校验码应设在方框之内；尺寸代码与箱型代码应作为一个整体标示。

下面以箱主代码为“ABZ”、设备代码为“U”、序列号为“001234”、校验码为“3”、尺寸代码为“22”、箱型代码为“G1”的集装箱为例，说明识别标记的不同排列情况。

（1）箱主代码、设备代码、序列号和校验码宜横向单行排列，此时尺寸代码和箱型代码应横向单行排列在箱主代码、设备代码、序列号和校验码的下方，如图 8-9 所示。

（箱主代码和设备代码）	（序列号）	（校验码）
ABZU	001234	3

22G1

（尺寸代码）（箱型代码）

图 8-9　识别标记的横向排列

（2）若因箱体结构的特殊性，箱主代码、设备代码、序列号和校验码无法横向单行排列，则可竖向单行排列或分组竖向排列，此时尺寸代码和箱型代码应竖向单行排列在箱主代码、设备代码、序列号和校验码的附近，如图 8-10 所示。

（3）对于某些专用集装箱，若箱主代码、设备代码、序列号和校验码无法横向单行排列和竖向单行排列时，则识别标记可按图 8-10（b）或图 8-11 所示的方式分组排列。

（箱主代码）　A
（设备代码）　B
Z
U
（序列号）　0 0 1 2 3 4　　2 2 G 1　（尺寸代码）（箱型代码）
（校验码）　3

（a）竖向单行排列

（序列号）
（箱主代码）（设备代码）　A B Z U　　0 0 1 2 3 4　　2 2 G 1　（尺寸代码）（箱型代码）
（校验码）　3

（b）分组竖向排列

图 8-10　识别标记的竖向排列

（箱主代码和设备代码）	ABZU
（序列号）	001
	234
（校验码）	3
（尺寸代码和箱型代码）	22G1

图 8-11　识别标记的分组横向排列

（二）作业标记

作业标记不同于上述用于数据传递或其他方面的识别标记，它标打在箱体上，只是为了提供某些信息或起到视觉警示的作用。作业标记包括必备作业标记和可择性作业标记。

1．必备作业标记

必备作业标记包括以下四种。

1）额定质量和空箱质量

额定质量和空箱质量应用千克和磅（符号为 lb）两种质量单位同时表示。

2）空陆水联运集装箱标记

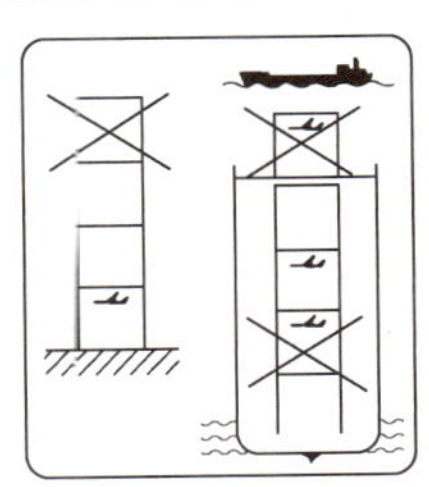

图 8-12　空陆水联运集装箱标记

空陆水联运集装箱标记（见图 8-12）标打于空陆水

联运集装箱上，用于指明集装箱堆码限制。该标记为黑色，应位于集装箱端壁、侧壁的左上角和顶部的适当位置。

释疑解惑

若空陆水联运集装箱标记的颜色与箱体颜色较接近而无法清楚显示时，则应使用底色（最好是白色）。

3）箱顶防电击警示标记

凡装有登顶扶梯的集装箱，均应按相关要求标打箱顶防电击警示标记（见图 8-13）。该标记为黑色闪电箭头围以黑色三角形边框，以黄色为底色，应位于扶梯附近。

4）箱高超过 2.6 m（8 ft 6 in）的集装箱高度标记

所有箱高超过 2.6 m（8 ft 6 in）的集装箱均应标打以下标记：

（1）在箱体两侧标打集装箱高度标记（见图 8-14）。该标记为黑色数字围以黑色长方形边框，以黄色为底色。标记上部的高度数字以米为单位，保留一位小数，数值应不低于箱体的实际高度。标记下部的高度数字以英尺为单位，取到英寸，数值应不低于箱体的实际高度；为节省版面，英尺和英寸分别用“′”和“″”表示。每个集装箱上应标打两个这样的标记，分别位于两个侧板的右手边，距箱顶不超过 1.2 m，距右边缘 0.6 m 以内，并位于集装箱识别标记的下方。

图 8-13　箱顶防电击警示标记

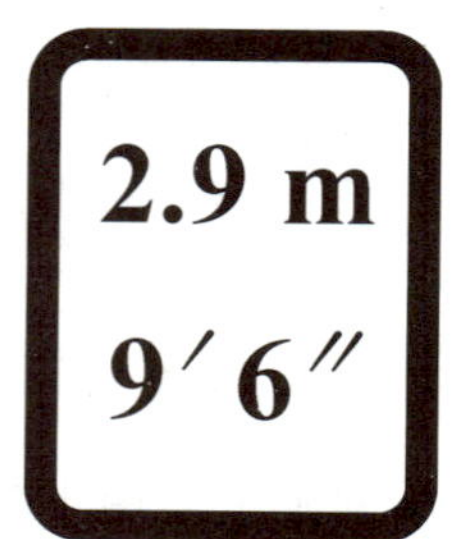

图 8-14　集装箱高度标记

（2）在箱体每端和每侧角件间的顶梁与上侧梁上标打长度至少为 300 mm 的黄黑斜条标记，以便在地面或高处能够清晰地识别。

释疑解惑

角件是指通常设在箱体每个角落，在支撑、堆码、搬运和紧固集装箱时起重要作用的零件。

2. 可择性作业标记

根据实际需要，除在集装箱上标打额定质量和空箱质量外，还可在这两者后标打最大净货载（即额定质量与空箱质量之差）。例如，某集装箱的额定质量为 30.48 kg，空箱质量为 3.1 kg，其额定质量、空箱质量、最大净货载应按图 8-15 所示的方式排列。

额定质量（MAX GROSS）	30.480 kg（67.200 lb）
空箱质量（TARE）	5.080 kg（11.200 lb）
最大净货载（NET）	25.400 kg（56.000 lb）

图 8-15　额定质量、空箱质量、最大净货载的排列

同步实训

开展“看图识‘箱’”活动

实训步骤

（1）全班学生自由分组，每组 3～5 人，并选出一名小组长。

（2）小组长组织小组成员，搜集 5 张不同类型的集装箱图片，并将每张图片配上说明（内容包括但不限于集装箱的制造材料、结构、外部尺寸、额定质量、适于装运的货物等），以清晰表明图片中集装箱的特征。

（3）小组长轮流上台展示本小组搜集的集装箱图片，并进行描述；其他小组的成员按照不同的标准将图片中的集装箱归类，并对其标记的具体情况进行说明。

（4）老师对各小组的表现进行点评。

任务二　熟悉集装箱货物

任务导入

AD 卫浴设备生产公司委托 YR 物流公司运输一批卫浴设备。该批设备包括浴盆、淋浴器、水龙头等，总重量约为 15 t。为了提高运输效率，YR 物流公司将该批设备与一批重达 2 t 的食品共同装入 1CCC 型国际标准集装箱（额定质量为 30 480 kg）中。

在运输途中，载运该集装箱的货车在通过一座桥梁时侧翻，致使该集装箱从桥上坠落，食品浸水、卫浴设备受损严重。

经调查，发生此次事故的主要原因是货物在集装箱内分布不均，致使重箱（即装有货物的集装箱）的重心远离箱体的中心位置，从而导致货车在运输途中稳定性不足。

问题：

（1）集装箱货物可分为哪些类型？上述案例中的卫浴设备属于哪种类型？

（2）在实施装箱操作时，应满足哪些基本要求？

一、集装箱货物的分类

（一）按适箱程度分类

按适箱程度的不同，集装箱货物可分为以下四类：

（1）最适合集装箱化的货物：通常包括医药产品、酒、家用电器（见图 8-16）、纺织品等。这类货物在物理性质方面非常适合用集装箱装运，且价值一般较高，承受运价的能力较强。

图 8-16　家用电器

（2）适合集装箱化的货物：通常包括袋装食品、金属制品等。这类货物在物理性质方面比较适合用集装箱装运，但价值不高，承受运价的能力不强。

（3）边缘集装箱化的货物：通常包括原木、生铁等。这类货物在物理性质方面适合用集装箱装运，但价值较低，承受运价的能力较弱。若用集装箱装运这类货物，不一定会盈利，甚至会亏损。

不适合集装箱运输的货物

（4）不适合集装箱化的货物：通常包括价值较低的大宗货物、长度较长的金属构件、具有强烈异味和严重污染性的货物等。这类货物在物理性质和经济方面都不适合用集装箱装运。

课堂活动

以适箱程度为分类标准，判断图 8-17 中的货物分别属于哪种类型。

图 8-17　各种货物

（二）按能否装满一个集装箱分类

按能否装满一个集装箱，集装箱货物可分为以下两类：

（1）整箱货：是指发货人单独使用一个集装箱并运交一个收货人的货物。整箱货一般由发货人或其代理人装箱、计数并施封，由收货人拆箱。承运人以箱为交接单位，只要交箱时集装箱外表和收箱时相似且封条完整，承运人就完成了承运任务。

（2）拼箱货：是指将两个及以上收货人的货物拼装在一个集装箱内的货物。拼箱货的拆装箱作业都由承运人或有关运输部门负责。小批量货物十分适合作为拼箱货运输；使用大型集装箱时，组织拼箱货运输更为必要。

二、集装箱货物的装箱

装箱是指将货物装进集装箱的作业（见图 8-18），一般包括做好装箱准备、实施装箱操作、完成后续工作等三个步骤。

图 8-18　装箱

（一）做好装箱准备

装箱前，物流作业人员应做好装箱准备，包括确定适用的集装箱、仔细检查集装箱、合理放置集装箱。

1. 确定适用的集装箱

物流作业人员应根据货物特性选择合适的集装箱。具体而言，应满足以下要求：

（1）选用符合相关规定的集装箱。

（2）对于普通货物，应选用通用集装箱。

（3）对于有特殊要求的货物，应选用特定类型的集装箱。具体情况如下：① 对于对气候条件敏感、需要防盗、接触后会产生不良后果的货物，宜选用封闭式或可遮盖的集装箱；② 对于易受潮发霉的货物，宜选用封闭式透气集装箱；③ 对于冷冻食品、部分药品和针剂、需要避免霜冻的化学品等对温度有特殊要求的货物，应选用保温集装箱；④ 对于原木、花岗岩、大理石块等尺寸过大、形状不规则或重量较大的货物，宜选用平台式集装箱；⑤ 对于仅超高而不超长、超宽的货物，除平台式集装箱外，还可选用敞顶集装箱；⑥ 对于废金属等需要用抓斗（见图 8-19）或传送带搬运至集装箱内的货物，在没有传送带的情况下，应选用敞顶集装箱；⑦ 对于颗粒状或块状散装固体货物，宜选用干散货集装箱；⑧ 对于散装液体货物或粉末状散装固体货物，宜选用罐式集装箱。

2. 仔细检查集装箱

1）外观检查

集装箱的外观检查要求如下：

（1）集装箱主框架完整，箱壁、底部和箱顶状况良好，无明显变形。

（2）箱门及其把手安全地锁定于关闭位置，门衬垫和密封条处于良好状态，箱门可以正常固定于开敞位置，箱门上的安全认可标牌完整、无污染。

（3）可调节或可移动的部件（如插销等）处于良好状态。

（4）维修过的部位处于良好状态，无漏水现象。

（5）冷藏集装箱的制冷装置可以正常运行。

（6）无关的标签、标志、标记和标牌已被清除。

（7）集装箱底梁、底部、横梁、顶板、扭锁（见图 8-20）等任何角落均未携带土壤、动植物残留物和有害生物等。

图 8-19　抓斗

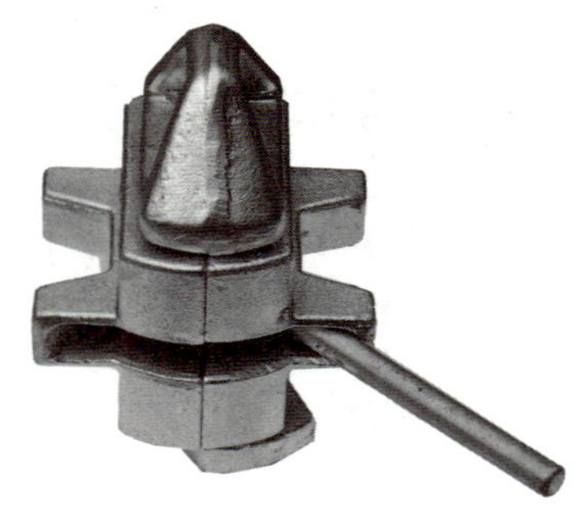

图 8-20　扭锁

（8）集装箱额定质量、序列号等信息与拟装货物信息相匹配。

2）内部检查

集装箱的内部检查要求如下：

（1）箱门处于打开状态，以确保内外空气对流；在箱门打开期间，无鼠类、鸟类、昆虫等动物进入。

（2）集装箱内部完好，无裂痕、凸起或凹陷部位。

（3）设有内部气窗的集装箱，其气窗可以正常使用。

（4）集装箱内部无液体或污渍残留。

（5）维修过的部位处于良好状态，无漏水现象。

（6）用于固定货物的角钩或系固环处于良好状态且非常稳固。

（7）集装箱内清洁、干燥，无土壤、动植物残留物和有害生物等，无异味。

3．合理放置集装箱

将选定的集装箱放置于拆装箱作业场（即将货物取出或装入集装箱的作业场所）时，应满足以下要求：

（1）放置前应清除地面残渣异物，避免集装箱底部结构受损。

（2）确保地面坚固、平整、排水良好且无土壤，确保集装箱远离树木和泛光灯。

（3）将集装箱放置于可拆卸货箱支架上时，应确保集装箱拆装箱叉车进入箱内工作时，集装箱不会倾斜、翻转，可拆卸货箱支架不会滑动。

释疑解惑

集装箱拆装箱叉车是指可进入集装箱内进行拆装箱作业的小型叉车。

（4）将集装箱挂车（见图 8-21）停靠在装卸平台时，应确保集装箱与装卸平台之间可靠连接。

图 8-21　集装箱挂车

（5）在放置集装箱期间，无关人员不得进入作业范围内。

（二）实施装箱操作

将集装箱放置妥当后，即可实施装箱操作。

1. 基本要求

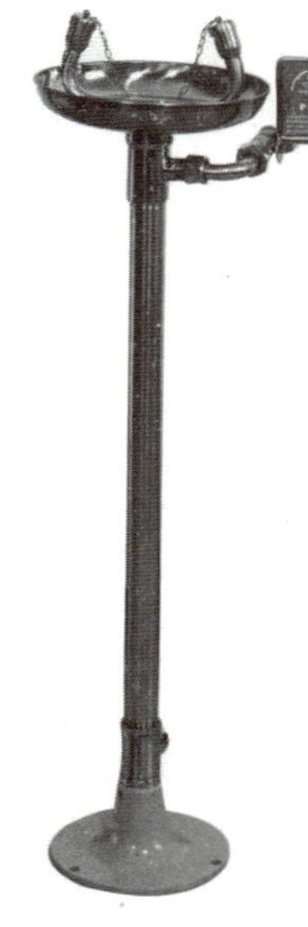
图 8-22　洗眼器

进行装箱操作时，应满足以下基本要求：

（1）装箱前，应检查并确认集装箱内无有毒有害气体，并确保作业场所配备有必要的现场安全设备（如灭火器、报警器）、劳保设备（如洗眼器，见图 8-22）、急救设备等。

（2）使用合适的装箱设备（如集装箱拆装箱叉车等）、个体防护装备，确保集装箱、装箱设备均处于良好状态。

（3）不得在装箱期间吸烟、进食和饮水。

（4）装箱和在箱内紧固货物时，应采用合适的作业方式并按规范操作，确保货物作用在集装箱上的力不超过设计的受力限度。

（5）缓慢操作装箱设备，确保其作用在集装箱上的力不超过设计的受力限度。

（6）确保装入箱内的货物和其他物品（包括填充物、衬垫物、紧固材料等）的总重量不超过最大净货载。

（7）确保货物均匀分布于箱内，使重箱的重心尽可能低且靠近箱体的中心位置，以免出现以下状况：① 吊运集装箱时过分倾斜；② 专用车辆（如集装箱挂车等）的单轴载荷超限；③ 专用车辆的稳定性不足；④ 集装箱箱底无法承受集中载荷。

（8）将箱内货物紧密堆码并紧固，以防集装箱在装卸和运输过程中移动而导致意外货损。对货物进行紧固时，应使用具有足够强度的紧固材料（如钢丝绳、纤维索、钢带、尼龙带、防护网、胶粘带等），并确保紧固件具有锁定装置。将货物紧固完毕后，应确保所有紧固件都处于锁定位置，防止其在集装箱装卸和运输过程中松动，进而影响紧固效果。

（9）将包装形式不同的货物装入同一集装箱时，应在货物之间放置衬垫物。使用木条和木板等衬垫物时，应将其支撑在集装箱的角柱、角件、端柱和侧柱上，不得将其支撑在侧板、箱门板上，以免造成侧板、箱门板损坏。

（10）将非同类货物装入同一集装箱时，应做好以下配载安排：① 将边缘锐利的货物与包装不坚固的货物隔离；② 将性质不相容的货物（如易散发水分的货物与易受潮的货物）隔离；③ 将粗劣货物与清洁货物隔离；④ 不得将重货堆码于轻货或易碎货物上；⑤ 不得将液体货物堆码于固体货物上。

同步案例

集装箱超重导致坠落事故

某日上午，“海洋之星号”货船正停靠在港口，准备装载一批集装箱货物。

船用集装箱起重机操作员小王在将序列号为001234、内装一台重型机械设备的集装箱吊运至半空时，发现该集装箱似乎超重，但并未采取任何措施。小王在尝试将该集装箱放置在货船的预定位置上时，失去了对该集装箱的控制，导致其坠落到货船的甲板上。在巨大的冲击力下，001234号集装箱内的机械设备部分损毁，同时“海洋之星号”货船的船体也严重受损。

经调查，发生此次集装箱坠落事故的主要原因是内装机械设备加上衬垫物和紧固材料的总重量超过了001234号集装箱的最大净货载和起重机的承载能力，而且装箱作业人员和小王并未对超重情况加以关注。

2. 不同包装货物的装箱操作要求

1）纸箱装货物

对于纸箱装货物，装箱时应满足以下要求：

（1）将货物从箱体前端往箱门处堆码或从两端往中间堆码。

（2）将尺寸一致的货物装箱时，应将包装件整齐、紧密地码放于箱内。必要时，应在各层货物之间放置纤维板、胶合板或托盘等。

（3）将尺寸不一致的货物混装时，应根据包装件的尺寸合理搭配，做到紧密堆码；同时应考虑包装件的结构强度，用填充物（如泡沫塑料等）填充包装件之间的空隙。

（4）当货物不足以装满一个集装箱时，应尽量占满集装箱的底面，降低堆码高度；当货垛离箱壁、箱门较远时，应用钢丝绳、木条等将货垛固定在一定位置上，以防货垛移动。

2）捆装货物

对于捆装货物，装箱时应满足以下要求：

（1）一般需要用厚木板进行衬垫。

（2）可横向堆码，也可纵向堆码，以充分利用箱容为原则。

（3）宜以环环相扣的形式将捆装货物码放于箱内，使其交替互压堆叠，形成稳固的货垛，并用钢丝绳或围栏紧固货垛。

3）桶装货物

对于桶装货物，装箱时应满足以下要求：

（1）通常以竖立方式堆码。

（2）在各层货物之间放置衬垫物，以分散下层货物所受到的压力。

4）集装袋货物

对于集装袋货物，装箱时应满足以下要求：

（1）由于集装袋货物易滑动，因此宜采用压缝式堆码方式。

（2）可在包装件之间用托盘、木板、木条或防滑粗纸等加以衬垫，以防货垛倒塌。

（3）由于集装袋的防潮能力较弱，因此宜在货垛顶部用塑料薄膜、油布等加以苫盖。

知识拓展

危险货物的装箱操作要求

对于危险货物，装箱时除应满足上述操作要求外，还应满足以下操作要求：

（1）将危险货物与普通货物拼箱时，应将危险货物后装先卸，且码放于箱门口易卸处；将不同的危险货物拼箱时，应按照货物的危险性和副危险性中最为严格的要求进行隔离。

（2）在装箱过程中轻拿轻放，不得肩抗、背负、冲撞、翻滚货物，防止货物包装破损。

（3）确保包装件的桶盖、瓶盖等朝上，不得倒置；确保包装件的通气孔向上，不被堵塞。

（4）不得装运破损、渗漏或散漏的包装件。若包装件破损、渗漏或散漏，则应在集装箱装箱现场检查员的监督下，立即按货物特性进行有效处置。

（5）若渗漏的危险货物会造成爆炸、燃烧、毒害或类似重大危险，则应立即撤离到安全地带，并通知有关应急部门。

（6）对于需要冷藏的危险货物，应先对包装件进行预冷，以确保装箱温度符合最低温度要求。

（三）完成后续工作

装箱结束后，应做好以下工作：

（1）确认靠近箱门的货物不会倾倒或散落。

（2）关闭集装箱后，应确保箱门把手、卡扣等均扣紧并固定。

（3）若需要对集装箱进行施封，应在完成装箱操作后立即进行。所用封条应带有唯一的识别号，并符合国际标准《货运集装箱-机械密封件》（ISO 17712）的要求。

（4）若集装箱上设有安全装置、信号灯、监控设备、定位设备等，应确保相关设备安装牢固、正常运行。

（5）对于装有危险货物的集装箱，应按相关法律法规要求在其表面张贴危险货物标记、标签和其他标记。

（6）对于装有经熏蒸消毒处理的货物的集装箱，应在其表面张贴对应的危险警示标识。

（7）认真记录序列号、重箱总重量、封条编号和“集装箱装箱证明书”编号等信息。

三、预防集装箱货物汗湿的措施

集装箱货物汗湿是指集装箱货物在物流过程中因环境温湿度过高、本身含水量较高等而“出汗”的现象。集装箱货物汗湿可能导致货物的物理性质和化学性质发生变化，从而降低货物质量。预防集装箱货物汗湿的措施主要有以下两种。

（一）降低箱内空气的绝对湿度

具体而言，物流作业人员可采取以下措施降低箱内空气的绝对湿度（即单位体积空气中实际所含水蒸气的重量）：

（1）在晴天进行装箱作业，尽量避免在阴雨天进行装箱作业。

（2）避免装入过多含水量较高的货物。

（3）在箱内设置通风口，保持空气流通。

（4）使用干燥的紧固材料和衬垫物。

（5）在箱内放置高效吸湿剂，如硅胶等。

（6）定期检查集装箱的风雨密性，确保其密封良好。

（7）加强集装箱维护，避免集装箱破损而导致漏水。

（二）防止箱内壁的温度发生急剧变化

多数集装箱由金属制成，导热性能较好，对外界温度变化较为敏感，因此箱内壁极易“出汗”。物流作业人员应根据货物特性和运输环境，在集装箱内壁铺设隔热材料（如隔热的胶合板等），防止箱内壁温度发生急剧变化，从而改善箱内壁“出汗”的情况，保证货物的运输安全。

模拟集装箱货物装箱操作

实训步骤

（1）全班学生自由分组，每组 3～5 人，并选出一名小组长。

（2）小组长从桶装汽油、纸箱装樱桃、袋装面粉、捆装布匹等货物（也可以自选其他货物）中选择 3 种货物，组织小组成员，结合本任务所讲知识模拟进行集装箱货物装箱操作。

（3）老师对各小组的装箱过程和装箱成果进行点评。

学习成果自测

1．填空题

（1）____________________是指除装运温控货物、液态或气态货物、散装货物、汽车和活动物等特种货物的集装箱和空运集装箱以外的其他类型集装箱的总称。

（2）集装箱的识别标记包括______________、设备代码、序列号、校验码、尺寸代码和______________。

（3）按适箱程度的不同，集装箱货物可分为最适合集装箱化的货物、适合集装箱化的货物、____________________和不适合集装箱化的货物。

（4）______________是指将两个及以上收货人的货物拼装在一个集装箱内的货物。

2．单项选择题

（1）集装箱的内容积大于或等于（　　）m^3。

A．1　　B．2　　C．3　　D．4

（2）（　　）是指能够不通过箱门进行货物装卸、具有透气或通风功能的结构特殊的集装箱。

A．通用集装箱　　B．专用集装箱

C．特种货物集装箱　　D．保温集装箱

（3）凡装有登顶扶梯的集装箱，均应按相关要求标打（　　）。

A．集装箱高度标记　　B．空箱质量

C．额定质量　　D．箱顶防电击警示标记

（4）以下选项中，（　　）是空陆水联运集装箱标记。

A．

B．
2.9 m
9′6″

C．
AIR/SURFACE

D．

（5）在装箱时，应确保货物均匀分布于箱内，使重箱的重心尽可能低且靠近箱体的（　　）。

A．下部　　B．上部

C．中心位置　　D．底部

3. 多项选择题

（1）按结构的不同，集装箱可分为（　　）。

A. 保温集装箱　　B. 封闭式集装箱

C. 开敞式集装箱　　D. 折叠式集装箱

（2）集装箱的必备作业标记包括（　　）。

A. 额定质量　　B. 空箱质量　　C. 箱主代码　　D. 最大净货载

（3）以下选项中，最适合集装箱化的货物有（　　）。

A. 医药产品　　B. 纺织品

C. 原木　　D. 价值较低的大宗货物

4. 简答题

（1）简述集装箱的内部检查要求。

（2）简述纸箱装货物的装箱要求。

（3）预防集装箱货物汗湿的措施有哪些？

请进行学习成果评价，并将评价结果填入表 8-4 中。

表 8-4　学习成果评价表

评价项目	评价内容	分值	评价分数	
			自评	师评
知识（40%）	集装箱的概念和分类	6		
	集装箱的标记	7		
	集装箱货物的分类	7		
	集装箱货物的装箱步骤和装箱要求	15		
	预防集装箱货物汗湿的措施	5		
技能（40%）	能够正确识别集装箱的标记	20		
	能够合理进行集装箱装箱作业	20		
素养（20%）	乐于学习，勤于学习，善于学习	5		
	具备团队精神，积极与人合作	5		
	严谨细致，精益求精	5		
	挖掘创新潜能，提高创新能力	5		
合计		100		
总评（自评×40%+师评×60%）			老师签名：	

参考文献

[1] 霍红，牟维哲，徐玲玲．货物学［M］．4版．北京：中国人民大学出版社，2022.
[2] 赵颖．货物学［M］．3版．北京：北京理工大学出版社，2022.
[3] 张彤．货物学基础［M］．北京：清华大学出版社，2016.
[4] 蔡佩林．货物学基础［M］．北京：人民交通出版社股份有限公司，2016.
[5] 申纲领．商品学［M］．4版．北京：北京理工大学出版社，2021.
[6] 万融．商品学概论［M］．5版．北京：首都经济贸易大学出版社，2021.
[7] 白世贞，牟维哲，陈化飞．商品学［M］．3版．北京：中国人民大学出版社，2020.
[8] 向洪玲，张娜，何道新．商品学［M］．成都：电子科技大学出版社，2020.
[9] 吴智峰，陈华．商品质量管理［M］．2版．北京：北京理工大学出版社，2021.
[10] 黄艺璇，祁媛．仓储与配送管理实务［M］．上海：上海交通大学出版社，2020.
[11] 赵竞，尹章伟．包装概论［M］．3版．北京：化学工业出版社，2018.
[12] 李怀湘，王庆利．现代物流管理基础［M］．2版．上海：上海交通大学出版社，2021.
[13] 甘卫华，傅维新，徐静．现代物流基础［M］．4版．北京：电子工业出版社，2020.